Anonymous

Sozialismus und Anarchismus in Europa u. Nordamerika

während der Jahre 1883 bis 1886

Anonymous

Sozialismus und Anarchismus in Europa u. Nordamerika
während der Jahre 1883 bis 1886

ISBN/EAN: 9783744675574

Hergestellt in Europa, USA, Kanada, Australien, Japan

Cover: Foto ©ninafisch / pixelio.de

Weitere Bücher finden Sie auf **www.hansebooks.com**

Socialismus und Anarchismus

in

Europa und Nordamerika

während

der Jahre 1883 bis 1886.

Nach amtlichen Quellen.

Berlin
Verlag von Richard Wilhelmi
1887.

Vorwort.

Vorliegende gedrängte Schilderung gelangte zuerst im „Hamburgischen Correspondenten" (Februar und März d. J.) zum Abdruck. Um den einen Zweck ihrer Veröffentlichung aber noch vollständiger zu erreichen, als dies in Deutschland mittelst einer Zeitung allein möglich ist, nämlich den Zweck, in den weitesten Kreisen eine ausgemachten Thatsachen entsprechende Vorstellung von den großen Gefahren, welche dem Bestande der gegenwärtigen staatlichen und gesellschaftlichen Einrichtungen und der naturgemäßen Fortbildung derselben mehr denn je drohen, erwecken und ein noch stark obwaltendes, ja wahrhaft erschreckendes Sicherheitsgefühl bannen zu helfen, so daß alle friedliebenden Elemente unserer Reichsgemeinschaft sich getrieben fühlen, den Regierungen rasch und ausdauernd werkthätig die Hand zur Bekämpfung der schlimmsten aller inneren Feinde darzureichen, — wir sagen, zur möglichst genügenden Erreichung dieses Zwecks hielten wir den Separatabdruck obiger Darstellung in Buchform für unerläßlich. Und nach dieser Richtung hin betrachten wir die Verfasser der unterdeß erschienenen Schriften über den „Anarchismus und seine Träger" und über „die geheime Organisation der socialdemokratischen Partei" als Verbündete, wenngleich jeder anders ausgerüstet und seine eigenen Wege einschlug.

Daß aber auch der Inhalt der nachfolgenden Bogen noch eine andere Bedeutung als die des Aktuellen im Sinne der Tagesgeschichtschreibung in Anspruch nehmen darf, wird man wohl gern zugestehen.

Ende April 1887.   D. H.

Inhalts-Verzeichnis.

		Seite
I.	Deutsches Reich	1
II.	Die Schweiz	52
III.	Oesterreich-Ungarn	63
IV.	Dänemark	69
V.	Die skandinavische Halbinsel	73
VI.	Holland	75
VII.	Belgien	78
VIII.	Frankreich	89
IX.	Italien	108
X.	Spanien	114
XI.	Rußland	120
XII.	Großbritannien	126
XIII.	Nordamerika	143

I.

Deutsches Reich.

Das gegen die Socialdemokratie erlassene Ausnahmegesetz hatte in der Weise, wie es noch in Geltung und bisher gehandhabt worden, in einem Zeitraum von fünf Jahren weder nach der einen, noch nach der anderen Seite hin seinem Zwecke entsprochen. Weder hatte es die daran geknüpften überschwänglichen Hoffnungen in bürgerlichen Kreisen, wo ein baldiger und radicaler Niedergang der socialistischen Bewegung erträumt wurde, erfüllt, noch die berechtigten Erwartungen der Regierungen, welche auf allmähliche Eindämmung jener bereits nach Wesen wie Umfang zur äußersten Bedrohung der Gesellschaft entarteten Strömung rechneten, zumal sie sich auch zur Aufgabe stellten, dem an sich vernünftigen Theile des socialistischen Programms: Verbesserung der Lage der sogenannten arbeitenden Klassen, positiv entgegenzukommen, so weit es der Staat für sich allein vermochte und vermag.

Zwar riefen die neuen Repressivmaßregeln hier und da theils Furcht, theils Ernüchterung hervor, welche die Menge der Hörigen der Socialdemokratie einigermaßen lichtete. Aber die Häupter derselben, sowohl die Exaltirten der Ueberzeugung, wie absurd auch nach der politischen Seite und wie unbegreiflich utopistisch nach der wirthschaftlichen hin letztere war und ist, als die Agitatoren aus verschiedenen, meist niedrigen Beweggründen, fühlten sich durch das Ausnahmegesetz nur angespornt, es auf geheimen Wegen zu durchbrechen und das augenblicklich verkümmerte Terrain nicht blos wiederherzustellen, sondern demselben neue Eroberungen zuzufügen. Und da das seitherige offene und turbulente Vorgehen sich nunmehr von selbst verbot, entwickelten sie eine gleichsam unterirdische, schwer controlirbare Thätigkeit. Doch nicht so unbemerkbar, daß sie dem wachsamen Auge der Polizei und Justiz gänzlich entging.

Allein erst mußte sich die neugeschaffene Lage der staats- und gesellschaftsfeindlichen Partei selber klären, bevor eine ziemlich sichere Beurtheilung jener erfolgen konnte. Und dies war hauptsächlich dem in der Zeit vom 29. März bis 2. April 1883 in Kopenhagen unter Bebel's Vorsitz in sieben Sitzungen abgehaltenen Partei-Congreß zu verdanken. An demselben nahmen 57 Personen mit förmlichen Mandaten Theil, außerdem ein Vertreter ihres officiellen Organs „Der Socialdemokrat" und je ein Vertreter der deutschen Socialisten in London, Paris und der Schweiz.

Es ist überflüssig, der damals aufgestellten Tagesordnung hier vollständig zu gedenken, zumal sie von den Delegirten selber nur in den Hauptpunkten erledigt ward. Die allgemeine Lage der Partei aber bezeichnete man als eine durchaus erfreuliche; der Berichterstatter führte aus, die Socialdemokratie habe trotz des Ausnahmegesetzes, trotz ökonomischen Drucks und trotz aller Verfolgungen entschieden an Selbstvertrauen und Hoffnung für die Zukunft gewonnen. Und dieses Ergebnis sei wesentlich den Reichstagswahlen des Jahres 1881 zuzuschreiben, bei denen, wenn sie gleich nicht überall nach Wunsch ausgefallen, die Partei zum ersten Mal unter dem Ausnahmegesetz sozusagen im Feuer exercirt und Erkenntnis ihrer Stärke, sowie der einzuschlagenden Agitations- und Organisations-Taktik erlangt hätte. Der Geist sei überall, und gerade in den Gebieten des kleinen Belagerungszustandes vortrefflich; das Parteiorgan finde immer weitere Verbreitung, und die Agitation sei durch die Beschlüsse des Reichstags über die Behandlung der Stimmzettel und der Wahlversammlungen, sowie über die Sammlungen zu Gunsten der Familien von Ausgewiesenen wesentlich erleichtert, so daß nur übrig bliebe, diese dem Socialistengesetz zugefügten „Löcher" nach Kräften zu erweitern. An Geldern waren vom 5. August 1881 bis 28. Februar 1883 im Deutschen Reiche 95,000 Mark eingekommen, außerdem 20,000 Frcs., die zu verschiedenen Zwecken nach Zürich geschickt worden, und noch über 150,000 Mark für Unterstützungen, Wahlzwecke u. s. f. Vornehmlich ward der aus Amerika eingegangenen Beträge lobend gedacht. In Betreff der Unterstützung von Genossen hielt man es für nothwendig, zu beschließen, der unter ihnen zu häufig hervorgetretenen Neigung zum Auswandern zu steuern und nur nachweisbar Gemaßregelten und Flüchtigen unter die Arme zu greifen.

Die Frage der Reichstagswahlen wurde sehr eingehend behandelt und einstimmig die Herausgabe eines allgemeinen Wahlmanifestes und einer Instructionsbroschüre beschlossen, welche die einschlägigen gesetzlichen Bestimmungen, Rathschläge bezüglich des Verhaltens gegenüber dem Vorgehen der Behörden u. s. w. bringe. Die Führung der Wahlgeschäfte sollen die socialistischen Reichstags-Deputirten, eventuell ein Subcomité aus ihrer Mitte, übernehmen und namentlich auch bei Doppelwahlen über Annahme oder Ablehnung der Mandate entscheiden. Bei dem ersten Wahlgange sind nur eigene Candidaten aufzustellen, welche das Parteiprogramm voll und ganz anerkennen, sich der Parteidisciplin absolut unterwerfen und sich verpflichten, an allen durch Gesammtbeschluß der Parteivertretung herbeigeführten Actionen sich zu betheiligen; auch ist für den ersten Wahlgang jedes Compromiß oder irgend welches Zusammengehen mit anderen Parteien streng zu vermeiden.

Die Einführung einer geschlossenen, über das ganze Deutsche Reich verbreiteten Organisation kam zur Anregung, indeß wegen etwaiger Collisionen mit den bestehenden Gesetzen nicht zur Genehmigung. Dagegen wurde die Errichtung einer Correspondenzstelle in Deutschland in Aussicht genommen und jedem Genossen ohne Ausnahme zur Pflicht gemacht, die Agitation auf die seinem Wohnorte benachbarten Gebiete auszudehnen, zu welchem Behufe auch die Verbreitung der Reden der socialdemokratischen Reichstags-Abgeordneten empfohlen ward.

Mehr als thöricht bezeichneten es die Theilnehmer an dem Congresse, bezüglich der in Aussicht gestellten Socialreformen Hoffnungen zu hegen, die unter dem herrschenden Regime nie verwirklicht werden könnten. Die Regierung wäre, selbst ihren guten Willen vorausgesetzt, außer Stande, die von Interessenkämpfen durchwühlten herrschenden Klassen einer großen staatlichen Idee unterzuordnen; die politischen Parteiverhältnisse seien durch die materiellen Zustände so verschoben, daß es keiner Regierung möglich werde, eine zuverlässige, dauernde Majorität zur Durchführung wahrhafter socialer Reformen zu gewinnen. Und dies müsse mit Naturnothwendigkeit in einem Zusammenbruch der heutigen Gesellschaft enden. Deshalb bleibe für die Socialdemokratie nur übrig, eine unveränderte Taktik zu beobachten und jedwede Nachgiebigkeit den herrschenden Klassen gegenüber, wie jede auf die Nachsicht der Behörden speculirende Rücksichtnahme entschieden zu vermeiden, vielmehr überall rücksichtslos vorzugehen.

Schließlich wurden Glückwunschadressen der russischen Socialisten in Zürich und Genf, welche die Solidarität und Internationalität der socialistischen Bestrebungen betonten, sowie des „Nationalcomités der socialistisch-revolutionären Arbeiterpartei Frankreichs" verlesen und die Arbeitermarseillaise gesungen. Ein Verbrüderungsfest mit den dänischen Genossen hatte schon drei Tage zuvor stattgefunden.

Die ganzen Verhandlungen zeigen, daß wesentlich neue Ansichten nicht zum Vorschein kamen. Die große Bedeutung jenes Congresses lag aber darin, daß sich nunmehr die ganze Partei zu denselben bekannte, welche bis dahin für vereinzelte gehalten worden. Wir sagen: die gesammte Partei. Denn man muß erwägen, daß eine erhebliche Anzahl der Delegirten aus Personen bestand, welche in der Bewegung bis dahin keinerlei hervorragende Rolle gespielt hatten, sondern mitten aus der Masse herausgerissen worden waren. Vornehmlich hatte man regierungsseitig nun die Hoffnung aufzugeben, daß die Partei irgend welchen Bemühungen, auf gesetzlichem Wege die Lage der arbeitenden Klassen zu verbessern, ehrliche Anerkennung zollen und als Aequivalent wenigstens einen Theil ihrer utopistischen Ideen opfern werde. Diese Hoffnungslosigkeit erhielt Bestärkung durch die außerordentlich lebhafte Agitation gleich gegen die erste einschlägige Vorlage, das Krankenkassengesetz, die bis zur Ablehnung durch die socialistischen Abgeordneten fortgesetzt ward.

Wenn der Congreß trotzdem der Vertretung im Parlament noch Werth beimaß, so lag es bereits klar am Tage, daß das wirkliche Motiv hierzu nicht in der angeblichen Pflicht, die Arbeiterinteressen bei jeder Gelegenheit zu wahren, gesucht werden durfte, sondern daß die Wahlen, wie die Mitwirkung bei den parlamentarischen Arbeiten immer und immer lediglich als eine erwünschte Gelegenheit zu ungehinderter Propaganda und zur Prüfung der Parteistärke benutzt werden sollten.

In welcher Weise die Regsamkeit der Führer und Agitatoren der Socialdemokratie seit den Tagen von Kopenhagen zunahm, das zeigte sich u. A. in der Steigerung der Nachfrage nach dem Parteiorgan („Der Socialdemokrat"), dessen Auflage alsbald um tausend Exemplare vermehrt werden mußte; dann in dem Aufschwunge, welchen die Verbreitung verbotener Druckschriften nahm, und endlich in dem reicheren Ertrage der Geldsammlungen für Parteizwecke, worüber der „Socialdemokrat" von Zeit zu Zeit quittirte. Den besten, auch für Uneingeweihte erkennbaren Beweis für den rasch erlangten günstigen Stand der Partei lieferten jedoch die beiden jüngsten Reichtagswahlen (1883) in Hamburg und Kiel; denn Bebel erhielt in Hamburg bereits im ersten Wahlgange 1800 Stimmen mehr als der socialistische Candidat im Jahre 1881, und bei der Stichwahl 11,700 Stimmen, mithin ungefähr 1000 Stimmen mehr als 1878, vor Erlaß des Socialistengesetzes, während auf Heinzel in Kiel schon im ersten Wahlgange circa 2000 Stimmen mehr fielen als auf den Candidaten des Jahres 1881; ein Resultat, das um so schwerer wog, als die Wahlagitation nur im Geheimen, da aber allerdings mit der größten Energie, selbst unter Mitwirkung von Frauen und Kindern betrieben werden konnte.

Dafür, daß der nach dem Congreß neu erwachte Eifer nicht nachließ, sorgten in erster Reihe die socialistischen Reichtags-Abgeordneten selber. Diese reisten, solange die Sitzungsperiode dauerte, und ihre Anwesenheit in Berlin nicht durchaus nöthig erschien, fast ununterbrochen im Reiche umher und wühlten; die Bemittelteren unter ihnen setzten diese Thätigkeit auch nach dem Schlusse der Session und dem damit verbundenen Verlust des Freifahrtscheines fort. Der Einfluß dieser Abgeordneten erstreckte sich übrigens schon damals auch auf das Ausland, wohin sie bisweilen zur Schilderung der Verhältnisse und zur Rathsertheilung berufen wurden. So war Liebknecht am 18. März 1883 in London, v. Vollmar machte eine Rundreise durch die Arbeiterbezirke Belgiens und Hollands, Grillenberger, Dietz und Frohme frequentirten wiederholt die Schweiz, selbstverständlich um die Vereinigung der gesammten Socialdemokratie anzubahnen, zu erweitern und zu befestigen.

Als offenbarer Anfang hierzu mußte die Thatsache betrachtet werden, daß Wahlen, Strikes u. dgl. in den einzelnen Staaten mitunter bereits als internationale Angelegenheiten betrachtet und durch gegenseitige Geldspenden, wie sich bei dem großen Strike der Meraner und Crimmitschauer Weber, bei Strikes in England, Frankreich und Dänemark und bei anderen Gelegenheiten gezeigt hat, gefördert, und die in einem Lande erreichten Erfolge in Glückwunschschreiben als Gemeingut gepriesen wurden.

Die Majorität des Congresses hatte es, wie erwähnt, abgelehnt, das ganze Deutsche Reich mit einer festgefügten gleichmäßigen Organisation zu überziehen. Damit war aber nicht die geheime besonders angepaßte Organisation für einzelne Orte (z. B. Berlin, Magdeburg, Hamburg, Kiel, Frankfurt a. M., Leipzig, Dresden, München u. A.), wie für kleinere Bezirke reprobirt. Im Gegentheil erklärte sie Liebknecht bei seinem Besuche in London für unbedingt nöthig, und man ging denn auch damit mehr und mehr vor, allerdings hier und da ungeschickt experimentirend, weil es an geeigneten Kräften fehlte. Wesentliche Nachtheile entstanden aber der Partei dadurch nicht. Neue Formen der Organisation wurden jedoch nicht bekannt; Aenderungen in derselben bezweckten lediglich größere Sicherstellung der mit einem Parteiamte betrauten Genossen. So wurden z. B. in Berlin die Vertreter der einzelnen Wahlkreise im Centralcomité nicht mehr von den Delegirten sämmtlicher Wahlkreise gewählt, sondern von sogenannten Hauptleuten ernannt, welche die Namen geheim zu halten hatten. In Leipzig wurden vorzugsweise solche Personen in das sich selbst ergänzende Comité berufen, von denen man annahm, daß sie nach ihrem politischen Charakter den Behörden noch unbekannt wären. Dresden adoptirte dasselbe System. Eine gemeinsame Organisation für einzelne sächsische und thüringische Landestheile wurde beabsichtigt, kam jedoch nicht zur Ausführung.

Mehr noch Interesse denn früher widmete nach den Tagen von Kopenhagen die Socialdemokratie den gewerkschaftlichen Vereinen, und den Einflüssen der Parteileiter war es zuzuschreiben, daß zahlreiche solche Vereine neu entstanden, z. B. in Hamburg Fachvereine der Korbmacher, Cigarrenarbeiter, Schmiede, Töpfer und Gipser; in Bockenheim bei Frankfurt a. M. der Schuhmacher, Tischler und Steinmetzen; in Deutz bei Köln der Metallarbeiter; in Bremen der Tischler; in Halle a. S. der Schuhmacher und dergleichen mehr. In allen diesen Vereinen tauchten zahlreiche, mitunter sehr redegewandte Socialisten auf, welche mit den Reichstagsabgeordneten Verbindungen unterhielten und von ihnen Directiven bekamen, jedoch nach außen hin sich so vorsichtig und zurückhaltend gebahrten, daß eine Anwendung des Ausnahmegesetzes auf sie verhindert ward. Dagegen wurden in Berlin die Fachvereine der Putzer und Vergolder auf Grund des preußischen Vereinsgesetzes gerichtlich geschlossen und dreizehn Vorstandsmitglieder bestraft.

Lebhafter denn vordem betheiligte sich die Partei am öffentlichen Leben und legte auch damit für ihre wachsende Zuversicht Zeugnis ab. Nicht nur besuchten ihre Anhänger in großen Mengen Versammlungen, welche von anderen Parteien zur Besprechung von Tagesfragen einberufen waren, sie beriefen deren auch selbst, um ihren Abgeordneten und anderen hervorragenden Parteimitgliedern Gelegenheit zu bieten, sich dem Volke zu zeigen und in mehr oder weniger versteckter Weise Propaganda zu machen. In mehreren derartigen Versammlungen wurden jedoch socialistische Ideen so unverhüllt vorgetragen, daß die Auflösung geboten erschien, während in anderen Fällen, besonders zahlreich aus dem Königreich Sachsen bekannt geworden, die Versammlungen von vornherein verboten wurden, weil mit Sicherheit vorauszusehen war, daß in denselben socialdemokratische Agitation getrieben werden würde.

In Frankfurt a. M. stellten die Socialdemokraten zum ersten Mal einen eigenen Candidaten für die Stadtverordnetenwahlen auf, und im Herbste (1883) betheiligten sie sich ebenfalls an solchen in Berlin, weshalb streng darauf gehalten wurde, daß jeder der dortigen Parteiangehörigen die Communalsteuern pünktlich bezahlte, um nicht etwa das Wahlrecht einzubüßen.

Der Geburtstag Lassalle's und die Wahl Bebel's in Hamburg gaben der Partei Veranlassung, u. A. durch Aufhissen rother Fahnen in Barmen, Stuttgart, Ludwigshafen, Hagen und Hamburg an Thürmen, Fabrikschornsteinen und hohen Bäumen ihre Freude zu bezeugen.

Ihre internen Angelegenheiten, wozu die Einigung über die dem Kopenhagner Congreß zu unterbreitenden Anträge, die Berichterstattung über den Verlauf desselben, die Schlichtung von Streitigkeiten und Vorbereitungen zu den Reichstagswahlen gehörten, wurden in bereits gewohnter Weise heimlich in Wäldern oder in Wirthshäusern unter dem Deckmantel harmloser Vergnügungen erledigt. Von größeren Vereinigungen dieser Art kamen zur Kenntnis der Behörden eine Versammlung von 150 Mann am 17. April des genannten Jahres in der Nähe von Ronsdorf, zwei am 14. Mai und 17. Juni von 150 und 400 Mann in der Nähe von Elberfeld-Barmen, eine am 8. April im Grunewald bei Berlin und eine am 30. Juni in einem Walde bei Zwickau.

In Bremen wurden mehrere Vereine unter der Gestalt dramatischer Lesezirkel, von Vereinen für Geschichte und Naturwissenschaft gegründet und entlarvt.

Auch die Geldbeiträge flossen immer reichlicher, theils durch Einsammlung wöchentlicher Quoten, herunter bis zu 10 Pf., theils, wie früher, durch Verkauf von Bons und Druckschriften, durch Veranstaltung von den verschiedenartigsten Lustbarkeiten, Verloosungen mancherlei Gegenstände u. s. w. Leider aber flossen der Partei bedeutende Summen von einigen sehr begüterten Personen solcher Stände zu, wo man keine Anhänger der Socialdemokratie suchte, und bei welchem man sich umsonst fragte, welches Interesse sie an den Fortschritten einer Partei haben könnten, die an dem Zusammenbruch der bestehenden Ordnung in Staat und Gesellschaft arbeitet.

Was die im Inlande im Laufe des Jahres 1883 erschienene Parteipresse betrifft, so lenkten die behördliche Aufmerksamkeit und gerichtliches Einschreiten auf sich: „Viereck's Süddeutsche Post" und „Münchener Gerichtszeitung"; in Breslau die „Neue Breslauer Gerichtszeitung" mit einer Auflage von ungefähr 12,000 Exemplaren. In den Verhältnissen der bereits bestandenen periodischen Preßerzeugnisse machte sich der Umstand geltend, daß sie, mit Ausnahme der „Neuen Welt", fortwährend mit ihrer Existenz rangen, da die oberste Parteileitung Privat-Unternehmungen dieser Art nur dann zu empfehlen beschlossen hatte, wenn sie financiell dem officiellen Organ „Der Socialdemokrat" keinen Nachtheil zuzufügen drohten. Bei der „Neuen Welt" war allerdings von vornherein eine Ausnahme gemacht worden, die sich vielleicht dadurch erklärt, daß Liebknecht's Schwiegersohn Geiser die Redaction erhielt. Die Redaction des officiellen Organs ging aber aus den Händen Vollmar's in die Bernstein's über, weil Ersterer durch seine vielen Agitationsreisen zu sehr in Anspruch genommen ward. Die Verwaltung der

Druckerei führte nach wie vor der Schweizer Conzett. Die Abonnentenzahl stieg von 5000 auf 6000. Ihre Verbreitung erfolgte, wie früher, in der Weise, daß die Gesammtauflage durch Vertrauensmänner über die deutsche Grenze gebracht und dann von irgend einem oft tief im Lande belegenen Orte in kleineren Packeten und Briefen weiter befördert ward. Hauptsächlich beschäftigte sich ein aus Konstanz stammender Seiler Namens Rheinbold mit der Einschmuggelung dieses Blattes. Zweimal gelang es übrigens, die ganze Auflage in der Nähe von Konstanz abzufangen. Von einer anderen ebenfalls die ganze Auflage umfassenden Sendung, welche unter der Declaration „Farbewaaren" mit der Eisenbahn bis Engen gelangt war, erhielten die Behörden ungeachtet aller Wachsamkeit erst Kenntnis, als Rheinbold dieselbe im Zimmer eines Gasthofs bereits zerlegt und theilweise unter fingirten Adressen weiter geschickt hatte. Bei den zahlreichen Beschlagnahmen im ganzen Reiche hat es sich abermals herausgestellt, daß die einzelnen Sendungen häufig die weitesten Umwege nehmen und durch die Hände mehrerer Vertrauensmänner gehen, ehe sie an ihrem wahren Bestimmungsort eintreffen. Zwei Fälle wurden bekannt, in denen zur Täuschung der Behörden und des Publikums der „Socialdemokrat" mit dem Kopfe einer nicht socialistischen Zeitung bedruckt und in dieser Form in öffentlichen Localen ausgelegt war, und zwar ist in dieser Weise die Firma der „Greizer Zeitung" und des „Frankfurter Generalanzeigers" gemißbraucht worden. Aus der Züricher Druckerei des „Socialdemokrat" gingen außerdem zahlreiche Broschüren und Flugblätter Bebel=Liebknecht'scher Richtung hervor. Aber das Flugblatt: „An das Volk" (1883) entstammt einer Hamburger Officin und wurde dort in der Umgegend in 17,000 Exemplaren untergebracht. Eins solcher Flugblätter ward in der eigenthümlichen Weise verbreitet, daß die Exemplare desselben in Blumenbouquets gebunden den Vergnügungsreisenden in der Schweiz massenhaft in die Wagen geworfen wurden. Manche solcher Geisteserzeugnisse gelangten aber nicht ins Publikum oder auch nur an die Parteigenossen, da es den Polizeibehörden glückte, sie sammt und sonders abzufangen. Von den für Deutschland bestimmten Preßproducten Most'scher Richtung hingegen existirte blos die New-Yorker „Freiheit", nach Deutschland größtentheils in Briefen verschickt, welche theils in London von Mitgliedern des communistischen Arbeiter-Bildungsvereins, theils in der Schweiz zur Post gegeben wurden. Doch war auch der frühere Weg über Belgien noch nicht aufgegeben, wie daraus hervorging, daß Zollbeamte in Verviers eine für Deutschland bestimmte Robe anhielten, in welche eine starke Anzahl von Exemplaren der „Freiheit" eingenäht waren. Außerdem wurden an der deutschbelgischen Grenze zwei jenem Staate angehörige Personen bei der Verbreitung des Blattes abgefaßt. Verschiedene Nummern desselben erwiesen sich ganz interesselos, während andere von niederträchtigstem, verbrecherischstem und blutdürstigstem Inhalt strotzten. Die Form der Versendung ermöglichte es übrigens nur selten, Exemplare dieser exorbitanten Schandzeitung zu beschlagnahmen. Sichere Anhaltspunkte, die Zahl der Anhänger Most's im Deutschen Reiche zu schätzen, konnten schon darum nicht erlangt werden, weil dieselben, seinem Beispiele folgend, jede Vereinigung und gemeinsame Operation mit den nichtanarchistischen Socialisten vermieden. Doch schienen dieselben vorzugsweise im Wupperthal zu sitzen, wie daraus gefolgert werden durfte, daß bei einer am 17. Juni (1883) in einem Walde bei Barmen von 400 Personen abgehaltenen geheimen Wahlversammlungen die Candidatur von Bebel und Auer einstimmig verworfen und an deren Stelle ein Anarchist vorgeschlagen ward. Daß Most persönlich sich bereits nach Amerika salvirt hatte, wird jedem unserer Leser erinnerlich sein.

Wie stand es ein Jahr später? Nun, die socialdemokratische und revolutionäre Bewegung schritt trotz der äußersten Wachsamkeit der Polizeibehörden und stricter Anwendung aller gesetzlich zulässigen Maßregeln gegen sie fort. Die Hemmungen, welche das Ausnahmegesetz der Socialdemokratie bereitete, wurden zwar nach wie vor schwer von ihr empfunden, aber sie gewöhnte sich daran, mit demselben als einem feststehenden Factor zu rechnen und lernte mehr und mehr, es systematisch zu umgehen. Organisation und Agitation zeigten sich stets genauer darnach eingerichtet. In gewissem Betracht bot ja das Gesetz selbst ein schätzbares Wühlmittel, nämlich einen Beweis für die vermeintliche „Härte und Ungerechtigkeit", mit welcher die „Arbeiter" von den herrschenden Klassen behandelt würden.

Die neuen Gesetze zum Wohle der Arbeiter, gewiß geeignet einen ansehnlichen Theil ihrer Forderungen zu erfüllen, wurden sowohl ihren Motiven, als ihrem Inhalte nach von den Socialisten schnöde verkannt. Das officielle Parteiorgan, der schweizerische „Socialdemokrat", bezeichnete sie geradezu als auf Bauernfang berechneten Schwindel oder als Köder, der den Arbeitern aus blasser Furcht hingehalten würde, um sie für einige Zeit zu besänftigen. So sprachen sich auch Hasenclever und andere Führer auf ihren sommerlichen Reisen im Auslande aus. Im Inlande verlegte man sich mehr auf die Kritik ihres Inhalts, wobei nur Tadelswerthes und Unzulängliches herausgeschält ward; und wenn ja einmal ein socialistischer Redner mit Rücksicht auf seine momentanen Zuhörer einige Vortheile in jenen Gesetzen erkannte, so versäumte er gewiß nicht, mit allem Eifer die Genüsse und Herrlichkeiten zu schildern, welche ihrer im socialistischen Zukunftsstaate harrten, so daß sie im Gefühle der vollsten Verachtung der „armseligen Brocken" der Regierung davon gingen.

Noch zwar berechtigten die obwaltenden Verhältnisse die socialdemokratischen Agitatoren nicht, die Begriffe Arbeiter und Socialdemokrat für ganz identisch zu erklären, wie sie bei jeder Gelegenheit zu thun beliebten. Doch aber vereinigten sich alle Ermittelungen zu der Ueberzeugung, daß die überwiegende Mehrheit der Industriearbeiter schon vollständig aus Socialdemokraten bestand, und der Rest, mit Ausnahme einzelner Distrikte, von socialistischen Ideen stark inficirt war. Und die Disciplin, welche die Führer der Partei mit einer Strenge übten wie sie bei keiner andern Partei geübt werden konnte, ließ vor der Hand kein Mittel zur Besserung dieses Zustandes finden. Allerdings sind einige Vorkommnisse zu verzeichnen, welche den Anschein erweckten, als ob der Bann, in welchem die Arbeiterschaft von der officiellen Socialdemokratie abhängig ist, hie und da seine Wirkung zu versagen anfinge. So wurde dem Kaiser Wilhelm bei seiner Anwesenheit in der Rheinprovinz (September 1884) eine mit 4000 Unterschriften von Arbeitern aus Düsseldorf und Umgegend versehene, aus in der That eigenster Initiative der Unterzeichner hervorgegangene Adresse überreicht, in welcher dieselben ihren Dank für die ihnen bereits bewiesene Fürsorge und ihr volles Vertrauen in die weiteren Maßnahmen der Regierung ausdrückten. Ferner wurde im October im Wahlkreise Leipzig-Land ein von 1500 Arbeitern unterzeichneter Aufruf verbreitet, welcher in einfacher, würdiger und klarer Sprache Vergleiche zwischen dem Vorgehen der Regierung und dem der Socialdemokratie zog und zu dem Schlusse gelangte, daß Bebel, Liebknecht und Genossen den Arbeitern bisher nur phantastische goldene Berge versprochen, aber außer der Verhetzung der Bevölkerungsklassen gegeneinander rein nichts geleistet hätten, während die Regierung doch bereits ihre Fürsorge sehr erkennbar bethätigt habe, und es daher gleich vernünftig wie vortheilhaft sei, sich nicht länger von den Berufsſocialiſten am Gängelband leiten zu laſſen, ſondern der Regierung mit Vertrauen ſich anzuſchließen. Und eine ähnliche Kundgebung erfolgte auch in einem anderen ſächſiſchen Wahlkreiſe. Doch dieſe Vorkommniſſe lieferten noch keine Handhabe, in die Schlingen der ſocialdemokratiſchen Häupter nachwirkende Riſſe zu bringen.

Sehr bemerkenswerth war das Verhalten der Berliner Social= demokratie während des 84er Wahlkampfes. Ein officielles, für ganz Deutſchland beſtimmtes Manifeſt, welches die Aufrechthaltung des allbekannten ſozialiſtiſchen Programms bis in ſeine letzten Con= ſequenzen für durchaus nothwendig erklärte, wurde gerade in der Reichshauptſtadt nicht verbreitet. Man entwarf im Gegentheil für letztere drei beſondere Wahlflugblätter, die, in Form und Inhalt ſehr gemäßigt, nur Forderungen enthielten, die ſich ohne Umſturz der beſtehenden Ordnung verwirklichen laſſen und von der Regierung großentheils ſchon in Erwägung gezogen worden waren. Eben ſo ge= mäßigt traten einige der Führer in den öffentlichen Verſammlungen auf. Aber dieſe Mäßigung ſollte nur möglichſt viele Stimmen auf die ſocialiſtiſchen Candidaten vereinigen. Nach der Wahl fiel die Maske und einer der Agitatoren, der Stadtverordnete Görki, ſollte wegen ſeiner wirklichen Moderation als Verräther aus der Partei geſtoßen werden. Nicht ohne einigen Einfluß blieb auch der Ausſchluß des langjährigen Parteiführers Rittinghauſen und die daraus entſtandene Zeitungspolemik.

Die Vorbereitung zu den Reichstagswahlen bildete überhaupt die vornehmlichſte Thätigkeit der deutſchen Socialdemokratie. Dieſe günſtige Gelegenheit, für ihre Intereſſen unter dem Schirm der Geſetze zu wirken, verſtand die Partei voll auszunutzen und dabei ſowohl insgeheim, wie öffentlich einen außerordentlichen Eifer zu entwickeln.

Der „Socialdemokrat" leitete die Bewegung mit einem längeren Artikel ein, in welchem es heißt, die Partei trete in den Wahlkampf, um die Kraft, die Energie und das Selbstvertrauen der Arbeiter zu heben. Sie lege deshalb weniger Werth auf die Zahl der Vertreter als auf die Zahl der abzugebenden Stimmen, und es müßten deshalb möglichst viele Zählcandibaten aufgestellt werden. Die Wahlen von 1881 wären das Signal zu neuem Aufschwung der deutschen Arbeiterbewegung gewesen. Die Arbeiter hätten Muth gefaßt, die Gegner großen Respekt bekommen vor der Festigkeit der durch das Ausnahmegesetz anscheinend niedergeworfenen Partei. Jeder Sieg derselben sei ein Sieg der gesammten Arbeiterklasse, deswegen wäre es ein Verrath an derselben, nicht Mann für Mann in den Kampf einzutreten. Gleichzeitig wurde auf die Beschlüsse des Kopenhagener Congresses bezüglich der Aufstellung von Candidaten und des Verhaltens bei den Wahlgängen hingewiesen und ein aus dem Sattler Auer, aus Bebel, Grillenberger, Hasenclever und Liebknecht bestehendes Comité zur Leitung der Wahlen und aller dazu erforderlichen Vorbereitungen eingesetzt. Die Mitglieder dieses Comités entwarfen sogleich eine Schrift: „Winke für die Agitation", und eine ausführliche Instruction für die in den einzelnen Wahlkreisen zu wählenden Centralcomités mit ihren Untercomités, Vertrauensmännern u. s. w. und begaben sich dann auf Rundreisen durch das Reich, um überall die Ausführung der getroffenen Anordnungen zu überwachen, im Fall der Noth mit Rath und That zu helfen und die Säumigen und Trägen anzuspornen. Auf rechtzeitige Beschaffung von Geldern legte man selbstverständlich ganz besonders Gewicht und nahm zu diesem Zweck mittelst vertraulicher Schreiben auch die Beihülfe der im Auslande wohnenden Gesinnungsgenossen in Anspruch. Alsdann wurde über die Verbreitung des oben erwähnten und in $1\frac{1}{2}$ Million Exemplaren gedruckten Manifestes, die an einem einzigen Tage in ganz Deutschland stattfinden sollte, in einem geheimen Circular Bestimmung getroffen und im September eine Mahnung erlassen, die etwa noch nicht fertige Organisation schleunigst zu vollenden, das in einzelnen Kreisen überschüssige Geld abzuliefern und sich zur Wahlschlacht bereit zu halten.

Mit dieser Thätigkeit der Oberleitung beobachteten die Comités in den einzelnen Kreisen gleichen Schritt. Dieselben stellten die Candidaten auf, regelten die geheime Agitation, die Geldsammlungen u. a. m. und hielten die Verbindung mit der Oberleitung aufrecht. Zur Agitation wurden besonders auch gemeinschaftliche Ausflüge und Versammlungen unter freiem Himmel, in Wäldern u. dergl. benutzt, welche wegen der Schwierigkeit der Ueberwachung freiere Bewegung ermöglichten als die nebenher noch gefährlichen geheimen Zusammenkünfte in geschlossenen Räumen städtischer Locale. In einzelnen Provinzen hielten auch ad hoc gewählte Vertreter eines größeren Bezirks geheime Besprechungen ab. Die Vorbereitungen zu einer solchen Versammlung, die in der Nähe von Köln stattfand, gab in Verbindung mit anderen Umständen zu dem Gerücht Veranlassung, daß auf dem Schlosse Wyden in der Schweiz ein Congreß von Vertretern der gesammten deutschen Socialdemokratie stattfinden würde, was auch hinterher in der Presse — also irrig — fest behauptet worden ist.

Ein ungefähres Bild von der Genauigkeit und Sorgfalt, mit welcher auch die kleinsten Details der Wahlbewegung geordnet waren, giebt die für Berlin ausgetheilte Instruction. Danach wurde für jeden Wahlkreis ein Hauptleiter mit je zwei oder drei Abtheilungsleitern, für je sechs Stadtbezirke ein Gruppenleiter, für jeden Bezirk ein Bezirksleiter, für je zwei Häuser ein Vertrauensmann gewählt. Diese Vertrauensmänner hatten genaue Listen der Wähler aufzustellen, sich mit diesen persönlich bekannt zu machen, über ihre Wahrnehmungen an die wöchentlich zusammentretenden Bezirks-, Gruppen- und Hauptleiter Bericht zu erstatten, die Flugblätter zu vertheilen und jedem Wähler am letzten Sonntage vor den Wahlen einen Stimmzettel zu übermitteln. Für den Tag der Wahl waren an jedem Wahllocal sechs Vertrauensmänner aufgestellt mit der Verpflichtung, die Abgabe der Stimmen zu controliren und Säumige herbeizuholen. Schließlich ward sämmtlichen Vertrauensmännern eindringlichst empfohlen, am Wahltage sich möglichst nüchtern einzustellen und zu halten und sich recht anständig aufzuführen.

Einige Wochen vor der Wahl wurde eine Generalprobe für die Verbreitung der Flugblätter abgehalten, wozu sämmtliche dazu in Aussicht genommenen Personen durch Rohrpostkarten oder Telegramme innerhalb weniger Stunden zusammenberufen worden waren.

Die für die geheime Agitation getroffenen Anordnungen haben, so viel ermittelt werden konnte, überall strenge Befolgung gefunden, insbesondere war das officielle Wahlmanifest und mit ihm eine große Menge Flugblätter von localer Bedeutung rechtzeitig verbreitet.

Von dem Manifest traf zwar die für mehrere größere Städte, namentlich Leipzig, bestimmten Exemplare noch vor der Ausgabe Confiscation, aber sie wurden ungemein rasch durch ein anderes Flugblatt ersetzt, so daß der Fall der Beschlagnahme in Voraussicht genommen zu sein schien.

Neben der geheimen Agitation betrieb die Partei auch eine ehr intensive öffentliche in zahllosen Volksversammlungen, die, zur Besprechung irgend eines beliebigen, entweder harmlosen, oder doch ungefährlichen Themas einberufen, gewöhnlich mit einer Discussion über die Wahlen und der Empfehlung eines Arbeitercandidaten endigten.

Im Allgemeinen mußte dem Verhalten der Socialdemokratie in der Periode der 84er Wahlbewegung ziemliche Mäßigung nachgesagt werden, und Ausschreitungen kamen nur wenige vor. In den öffentlichen Versammlungen beobachteten die geschulten Agitatoren, um die Auflösung zu vermeiden, meistens die Vorsicht, die weiteren Ziele der Socialdemokratie nur anzudeuten, erreichten indeß damit ihren Zweck ebenso, als wenn sie dieselben offen zu enthüllen vermocht hätten.

Wenn dessenungeachtet eine große Zahl von Versammlungen wegen Hervortretens der im § 1 des Gesetzes vom 21. October 1878 charakterisirten Bestrebungen aufgelöst wurde, so verschuldete das meistens nicht sowohl der Inhalt der Reden, als die ungemeine Erregung der Zuhörer infolge der monatelangen ununterbrochenen Agitation. Ruhestörungen und Widersetzlichkeiten gegen staatliche Aufsichtsbeamte aus Anlaß von Versammlungen kamen denn auch erst in der letzten Zeit vor den Wahlen vor, wie z. B. in Berlin, Brandenburg und Ludwigshafen. Einige Excesse fielen zwar in die Zeit der Wahlbewegung, wurden jedoch bei anderen Gelegenheiten verübt. So verleitete in München die Freude über Bebel's Anwesenheit etwa 600 seiner Gesinnungsgenossen zu bedenklichen Ausschreitungen, die nur durch Aufgebot einer großen Polizeimacht unterdrückt werden konnten. Bei einem in der Nähe von Ronsdorf (in der Rheinprovinz) abgehaltenen Feste von Socialdemokraten kam es ebenfalls zu Conflicten mit der Polizei, und Aehnliches ereignete sich infolge der Aufhebung einer geheimen Versammlung bei Kalk a. Rh., und in Barmen bei dem Begräbnis eines Parteigenossen.

Auch das beliebte Agitationsmittel der Aufhissung rother Fahnen ward wiederholt angewendet, besonders am 18. März in Kalk, Vingst, Deutz, Elberfeld, Dortmund, Cannstadt, am 10. April in Barmen, am 10. Mai wieder in Elberfeld, am 11. Mai in

München bei Gelegenheit des Veteranenfestes und an den Geburts=
tagen von Geib und Lassalle in Hamburg. Die in Elberfeld und
Barmen bemerkten Fahnen trugen jedoch Inschriften, welche darauf
schließen ließen, daß diese Demonstrationen von den dort hausenden
Mosttanern ins Werk gesetzt worden waren.

Der Erfolg, welchen die Socialdemokratie bei den Wahlen er=
reichte, entsprach scheinbar völlig den darauf verwendeten Anstren=
gungen, denn die Zahl ihrer Parlamentsvertreter verdoppelte sich
bekanntlich und sie erntete dafür Glückwünsche und Belobigungen
aus allen Ländern Europas in reicher Auswahl. In Berlin war
die Zahl der für sie abgegebenen Stimmen von 30,871 im Jahre
1881 auf 68,535 gestiegen und überstieg sogar die des Jahres 1878
um 12,780. Aehnlich zeigten sich die Verhältnisse in vielen anderen
der 166 Kreise, in denen die Partei in Preußen Candidaten auf=
gestellt hatte, und so ging die Gesammtzahl der im Reiche über=
haupt für sie abgegebenen Stimmen weit über die Ziffern des
Vorjahres hinaus.

That die überall ins Werk gesetzte geheime Partei=Organisation
ihre Schuldigkeit, so war man in Berlin nicht einmal darauf an=
gewiesen, weil die Arbeiter=Bezirksvereine ganz dieselben Dienste
thaten. Diese Vereine erwiesen sich nunmehr durchgängig als
socialdemokratische Institute, welche sich die Förderung der im § 1
des Ausnahmegesetzes gekennzeichneten Bestrebungen nach Kräften
angelegen sein ließen, und welche bei der Wahlagitation streng nach
den vom Abgeordneten Hasenclever einzeln und insgeheim empfangenen
ausführlichen Instructionen verfuhren. Allerdings haben diese Vereine
sich wohl gehütet, die Agitation als solche, d. h. officiell, zu betreiben,
haben dieselbe im Gegentheil als Privatangelegenheit der einzelnen
Mitglieder darzustellen gewußt; aber es stellte sich hinterher heraus,
daß sie übereinstimmend und gehorsam nach den von der

socialdemokratischen Parteileitung ertheilten Anweisungen gehandelt hatten.

Die im Jahre zuvor sehr lebhafte Agitation gegen das Krankenversicherungsgesetz ließ nach, weil sie im Allgemeinen ihren Zweck erfüllt zu haben schien, denn es traten große Mengen von Arbeitern den bereits früher vorhandenen, beziehentlich neu gegründeten eingeschriebenen Hülfskassen bei. Das Unfallversicherungsgesetz unterlag freilich auch in zahlreichen Versammlungen scharfer Kritik, übte aber bei Weitem nicht solche Anziehungskraft aus, wie das erstere.

In München entstand eine Centralherberge als Verkehrslocal für geistig verwandte Arbeiter, von 700 derselben gegründet.

Erhebliche Fortschritte machte die gewerkschaftliche Bewegung, was um so höher anzuschlagen ist, als die Wahlen nicht viel Zeit für andere Bestrebungen übrig ließen. Das Netz der Fachvereine verdichtete sich zusehends, es wurden auch schon einige Centralverbände, z. B. der Tischler, Zimmerer und Wirker, gebildet, während die der Steinmetzen und Glaser im Entstehen waren, und die Maurer die Gründung eines Centralverbandes mit Rücksicht auf die Verschiedenartigkeit der Vereinsgesetzgebung in den einzelnen Staaten wieder aufgaben. In allen Fachvereinen aber zeigte sich das socialdemokratische Element, mitunter sogar in der Mehrheit, doch vermieden sie es, von Vereinswegen socialdemokratische Agitation zu betreiben und fanden hierbei die Zustimmung der Parteileitung, welche sich officiell nicht um sie kümmerte, dieselben indeß ausdrücklich als einen Theil der künftigen socialdemokratischen Armee betrachtete und so viel als möglich förderte.

Während früher häufig darüber Klage geführt ward, daß die von den Parteigenossen gespendeten Beiträge zur Befriedigung der an die Parteikasse gestellten Anforderungen nicht ausreichten, und deshalb an die Opferwilligkeit in sehr bringlicher Weise appellirt werden mußte, flossen aus Anlaß der Wahlen die Gelder so reichlich, daß selbst gegen den früher wesentlich erhöhten Ansprüchen vollkommen genügt werden konnte. Es leisteten zwar Dänemark, England, Belgien, Frankreich, die Schweiz und Amerika infolge des im Frühjahr erlassenen Aufrufs ebenfalls Beiträge, Amerika sogar gegen 20,000 Mark, aber der Hauptposten wurde doch im Inlande aufgebracht. Bedeutende Beträge führten namentlich die Berliner und Hamburger Fachvereine ab. In letzterer Stadt verpflichteten sich außerdem die Parteigenossen, auf eine bestimmte Zeit für das Bier in den sie begünstigenden Schanklocalen einen höhern als den gewöhnlichen Preis zu zahlen und den Mehrbetrag an die Parteikasse abführen zu lassen. Die Expedition des „Socialdemokrat" überwies letzterer den Gesammtbetrag des Abonnements eines Quartals.

Auffällige Vermehrung erfuhr ferner die im Inlande erscheinende socialistische Presse, vornehmlich durch die Bemühungen des schon genannten Viereck. Wurden auch ein paar Blätter unterdrückt, so entstand doch eine ganze Reihe neuer, z. B. „Das Recht auf Arbeit", die „Gerichtszeitung", „Politische Wochenschrift für das deutsche Volk", das „Königsberger Volksblatt" und das „Rheinische Wochenblatt". Von diesen Zeitungen lauteten die fünf letzten von vornherein in ihrem politischen Theile vollkommen gleich, besprachen dagegen im localen Theile die besonderen Verhältnisse der Gegend, für welche sie bestimmt waren. Vorzugsweise beschäftigten sie sich mit der Lohnfrage in der Industrie und der Aufdeckung von allerlei Uebelständen in einzelnen Fabriken, sowie mit der Gewerkschaftsbewegung, schlugen aber dabei einen so gehässigen und aufreizenden Ton an, daß die „Politische Wochenschrift," das „Königsberger Volksblatt" und das „Rheinische Wochenblatt" ein Verbot traf. Dasselbe Schicksal hatte die „Halberstädter Sonntagszeitung." Zu den genannten Zeitungen kam dann noch die von Kegel in Nürnberg herausgegebene „Bayerische Gerichtszeitung" und das „Berliner Volksblatt." Rechnete man zu diesen Blättern die schon von früher bekannten, so ergab sich eine stattliche Anzahl von periodischen Preßerzeugnissen, die mehr oder minder versteckte socialdemokratische Tendenzen zu verbreiten suchten.

Das officielle Parteiorgan, der „Socialdemokrat", stand noch unter der Leitung Bernstein's, die Expedition seit der Auswanderung des Parteisecretairs Derossi nach Amerika unter Motteler alias Moretti. Die Höhe der Auflage hatte sich wenig geändert. Die Einführung desselben nach Deutschland erfolgte in der bereits angegebenen Weise. In den Monaten Mai und April gelang es den Polizeibehörden mehrmals, ganze Auflagen abzufangen. So am 20. März in Hannover zwei in einer elsässischen Grenzstadt unter der Bezeichnung „Schnittwaaren" aufgegebene Kisten mit 5500 Exemplaren; am 26. März in Schwenningen in Baden drei über den Bodensee gekommene, als „Lack- und Farbewaaren" declarirte Kisten und Koffer mit 8000 Exemplaren; im April in Altkirch und Illfurt dreimal Sendungen von über 100 kg, welche die Bezeichnung „Spengler- und Kurzwaaren" trugen, und am 23. April in Lörrach drei Packete mit 6300 Exemplaren. Durch diese wiederholten Unglücksfälle gerieth das ganze Unternehmen in Stockung, die Abonnenten wurden unwillig, und die Expedition fühlte sich genöthigt, in einem besonderen vertraulichen Circular unter Berufung auf die großen Schwierigkeiten, mit denen sie zu kämpfen hätte, um Nachsicht zu bitten. Auch wurden Auszüge aus den verlorenen Nummern unter dem Titel: „Correspondenzblatt: Ersatz für Stibitztes" nachgeliefert. Seitdem geriethen seltener so erhebliche Quantitäten, sehr oft aber kleinere Pakete, die innerhalb des Reichs von einem Orte zum andern verschickt wurden, den Behörden in den Hände.

Die Schwierigkeit dieser Operation liegt eben in den Grenzverhältnissen und der Beihülfe gewandter Schmuggler, die es der schärfsten Aufmerksamkeit der Grenz- und Zollbeamten unmöglich machten, die Einführung noch öfter und in noch größerem Umfange aufzuhalten.

Das Verhältnis zwischen den Socialdemokraten und den Anarchisten oder Mostianern blieb äußerlich ein fortwährend schroffes. In England und in der Schweiz kam es zwischen ihnen des Oefteren zu Schlägereien, und ihre officiellen Organe überboten sich in den gemeinsten Schimpfereien gegen einander. Insbesondere ließ der „Socialdemokrat" es sich angelegen sein, bei jeder Gelegenheit seinen Abscheu vor den Unthaten eines Stellmacher, Kammerer und ähnlicher Subjecte auszudrücken. Er fiel aber dabei mitunter aus der Rolle; denn während er an einer Stelle die Verbrechen des Stellmacher tadelte, erklärte er an einer andern dessen Bestrafung für einen Act brutaler Rache; und während er die Urheber der im Sommer (1884) in England begangenen Eisenbahnattentate mit seiner vollen Verachtung beehrte und sie feige Canaillen nannte, welche man hätte lynchen müssen, versicherte er die nihilistischen Brüder, die den Oberst Sudeykin ermordet, und die irischen Pächter, welche sich an ihren „Schindern" rächten, seiner wärmsten Sympathie. Mit ebensolcher Befugnis nannte die „Freiheit" den Stellmacher einen Helden und Ehrenmann, vor dem man bei Nennung seines Namens den Hut ziehen müsse.

Mit Rücksicht auf solche Widersprüche, wie sie häufig in einem und demselben Artikel des „Socialdemokraten" zu lesen sind, konnte der vor richterlichen Personen ausgesprochenen Behauptung, daß die Grundanschauungen der Socialdemokratie und der Socialrevolutionäre ganz dieselben seien, und daß auch die erstere kein Bedenken tragen werde, ihrer Maulwurfsarbeit durch Anwendung von Gewalt nachzuhelfen, sobald sie sich stark genug fühlen würde, in der That nichts Stichhaltiges entgegengesetzt werden.

Uebrigens hatten sich die Anarchisten in Deutschland bis gegen Ende des Jahres 1884 nicht besonders bemerkbar gemacht, und verschiedene Organe der Ordnungsparteien drückten die Hoffnung aus, daß mit Reinsdorf und Genossen, Stellmacher, Kammerer und Kumitsch die Zahl der „thatkräftigen" Elemente in Deutschland auf geraume Zeit erschöpft sein dürfte. Doch ebenso, wie die eben Genannten vornehmlich durch das Lesen der „Freiheit" und anderer Schandschriften zu Fanatikern geworden waren, konnte jeden Tag ein neuer Verbrecher, auf demselben Wege und unter ähnlichen Lockungen dazu verirrt, zum Schrecken der Gesellschaft seine Reise bezeigen. Abgesehen von anderen Ländern, boten besonders Berlin, Magdeburg, das Wupperthal und andere Gegenden am Rhein reichliches Material dazu.

Die Bekämpfung der Anarchisten erwies sich immerdar um so schwerer, als, wie Kammerer glaubhaft bekannt, die einzelnen Gruppen sich nicht mehrten, sondern klein blieben, unter sich in ganz losem Zusammenhange standen, und außerdem in verbrecherische Pläne nicht einmal die gesammten Mitglieder einer einzelnen Gruppe eingeweiht zu werden pflegten. Bei dieser Art der Organisation konnte es auch nicht gelingen, einen der vielen Correspondenten, welche Most — wenigstens nach dem Inhalte des „Briefkastens" der „Freiheit" — in verschiedenen Orten Deutschlands zu haben schien, irgendwie zu ermitteln.

Die „Freiheit" selber hielt sich trotz aller Kosten und sonstigen Schwierigkeiten in gleicher Stärke der Auflage. Durch die Beschlagnahme einer Nummer derselben in Altona ward der Verdacht bestätigt, daß auch Matrosen der zwischen England, besonders Hull, und den deutschen Häfen verkehrenden Schiffe sich mit der heim=

lichen Einführung der „Freiheit" beschäftigten. Geheimnisvoll blieb das anarchistische Blatt „Der Rebell." Weder konnten die bei der Herstellung betheiligten Personen, noch der Druckort eruirt werden. Nach Auffangung von Exemplaren der Nummern 5 und 6 schwankte man hinsichtlich des letzteren zwischen Genf und New-York.

Wir sagten, der Erfolg der Wahlen hätte scheinbar den Anstrengungen und Erwartungen der Socialdemokratie vollkommen entsprochen. In Wirklichkeit jedoch nicht ganz. Zwar erklärte ein von den 24 neuen Abgeordneten unterzeichnetes, sehr selbstbewußtes Manifest an die „Parteigenossen und Freunde", der Erfolg habe die kühnsten Hoffnungen übertroffen, das Solidaritätsgefühl habe sich glänzend bewährt, es gebe nur noch Eine Socialdemokratie, ihr Sieg sei der der Gesammtpartei, ganz Europa könne in der Stunde der Entscheidung auf sie zählen. Aber in der Stille verstimmte es doch die Parteileitung, daß im ersten Wahlgange blos 9 Mitglieder durchgekommen waren, und daß das Gesammtresultat nur durch Compromisse erzielt worden. So stimmten in Magdeburg, Hannover und München Nationalliberale für Socialisten, Conservative in Breslau und Leipzig, anderwärts Centrumsangehörige und Deutschfreisinnige, die wenigstens in dem Mangel an nationaler Empfindung den Socialisten gleich stehen. Hier und da hatte auch die Verbissenheit des kleinen Häufleins der Individual-Demokratie die Stimmenzahl für erstere vermehren helfen. Außerdem waren von den Parteiführern allerlei Versprechungen gemacht, deren Einlösung jedem Unbefangenen von vornherein unmöglich erschien. Es konnte daher, nachdem der Jubel über das Wahlergebnis in der Menge verrauscht war und die Abgeordneten ihre Thätigkeit im Reichstage begannen, ohne sogleich greifbare Erfolge zu zeigen, eine gewisse Ernüchterung und Enttäuschung innerhalb derjenigen Strömung nicht ausbleiben, welche auf die Betheiligung an der parlamentarischen Arbeit als solche Werth legte und davon sich Vortheile verhieß, während Diejenigen, welche von jeher den Parlamentarismus in der Hauptsache nur als eine günstige Gelegenheit zur Agitation und Propaganda betrachteten, das ihrer Meinung nach viel zu gemäßigte Verhalten der Deputirten zu bemängeln anfingen. Hieran konnte auch die nach zweimonatlichem Harren und wiederholten Erinnerungen erfolgte Einbringung zu einem Arbeiterschutzgesetz Nichts mehr ändern, zumal dasselbe weder inhaltlich den Erwartungen Aller entsprach, noch überhaupt genügend durchgearbeitet erschien, um auf eine Erledigung in absehbarer Zeit rechnen zu lassen.

Die in Genf und Zürich lebenden deutschen Socialisten benutzten die unseren Lesern jedenfalls erinnerliche Abstimmung der Fraction über die Dampfervorlage, um ihr ein ungeschminktes Mißtrauensvotum zu ertheilen, und ihnen schloß sich der „Socialdemokrat" mit dem Bemerken an, daß die Abgeordneten sich wohl gehäutet hätten und reine Bourgeois' geworden wären. Das veranlaßte die Fraction zu einer Erklärung, welche das Vorgehen des Parteiorgans als ganz ungehörig bezeichnete, weil es durch Herabsetzung der Fractionsbeschlüsse die Parteiinteressen schädige, ja Zwietracht säe, übrigens auch gar nicht zu einer Controle der Abgeordneten befugt sei, sondern als officielles Parteiorgan lediglich den Willen und die Anschauungen der Parteileitung wiederzugeben habe. Gegen diese ganz undemokratische Beschränkung der freien Meinungsäußerung erhob sich nun im In- und Auslande ein wahrer Sturm, und von allen Seiten liefen Proteste ein, in denen die Abgeordneten dictatorischer Ueberhebung geziehen wurden. Am weitesten gingen die Genossen in Frankfurt a. M., welche der Fraction Zerfahrenheit und Urtheilslosigkeit vorwarfen, auch vollständige Vergessenheit des unversöhnlichen Gegensatzes zwischen den Vertretern

der Freiheit und denen der politischen und ökonomischen Knecht=
schaft; die Arbeiter Deutschlands, längst müde des unwürdigen
Druckes, wollten Nichts wissen von parlamentarisch=diplomatischen
Uebereinkünften, sie strebten einzig und allein nach Organisirung
einer Armee, um endlich die Menschheit mit Gewalt von der Gewalt
zu befreien. Um diesen Hader möglichst schnell zu beseitigen, erließ
die Fraction, nachdem Liebknecht persönlich in der Schweiz Ver=
mittelungsversuche angestellt hatte, gemeinsam mit der Redaction
des „Socialdemokrat" eine allerdings ziemlich gewundene Erklärung,
welche die gegenseitigen Vorwürfe auf Mißverständnisse zurückführte
und die Möglichkeit ernster Zerwürfnisse in Abrede stellte. Aber
die Abgeordneten waren doch die Ersten, welche die eigene Er=
klärung Lügen straften, indem sie einen Zeitungskrieg gegen einander
eröffneten, an dem sich zunächst Bebel und Frohme, später für
diesen Grillenberger und Geiser, auf Seiten Bebel's v. Vollmar
und Liebknecht betheiligten. Die äußere Veranlassung zu dieser
Campagne gab Frohme, indem er den eben erwähnten Frankfurter
Protest lediglich als das Erzeugnis einer kleinen „niederträchtigen
Clique" bezeichnete, was Bebel energisch bestritt, mit dem Hinzu=
fügen, daß ihn selber der Protest durchaus sympathisch berühre,
wenn auch nicht alles darin Gesagte gebilligt werden könne.

Nun aber war es klar, daß innerhalb der Fraction zwischen
den „Wassersuppen=Demokraten", wie von Vollmar sie nannte, und
den numerisch zwar schwächeren, jedoch thatkräftigeren und fanatischeren
Mitgliedern ziemlich tiefe Gegensätze bestanden, und der Verlauf
des Streites bewies dies durch die ungewöhnliche persönliche
Gereiztheit und Gehäßigkeit in den gegenseitigen Angriffen noch
deutlicher. Dadurch, daß der Krieg auch in nichtsocialistischen
Zeitungen geführt wurde, vereitelte er vollends den Zweck der
gemeinsamen Erklärung im „Socialdemokraten", erfaßte er die

gesammte Partei. In Folge dessen fanden allorts im Reiche theils mit, theils ohne active Betheiligung von Abgeordneten geheime Zusammenkünfte statt, in denen sich die Gegensätze ebenfalls abspiegelten. Ueberall aber zeigte sich der dringende Wunsch, den Kampf zu beenden und ihn namentlich der Oeffentlichkeit zu entziehen und den Schein vollkommenen Einverständnisses, was auch ohne einen in Vorschlag gebrachten Congreß ad hoc gelang, wenigstens für die Dauer der Reichstagssession zu retten.

Jene Streitigkeiten stellten zudem außer Zweifel, daß im südlichen und westlichen Deutschland die Majorität der Socialdemokratie auf Seiten Bebel-Liebknecht-Vollmar's, dagegen in Norddeutschland für das gemäßigtere Gros der Abgeordneten die Stimmung vorherrschte. Es traten auch Anzeichen hervor, daß die Majorität sich noch vergrößern würde, und es ist nicht zu leugnen, daß die Aufnahme, welche das Arbeiterschutzgesetz im Reichstage fand, eine treffliche Handhabe bot, um den Arbeitern vorzuspiegeln, daß sie auf irgend welches Entgegenkommen seitens der anderen Parteien nicht zu rechnen hätten, wenn selbst so billige Forderungen, wie sie jener Entwurf enthalte, keine Aussicht auf Erfüllung hätten. Bebel ging noch weiter und sprach ernstlich die Befürchtung aus, daß die Verwerfung ihres Arbeiterschutzgesetzes der Partei der Anarchisten erheblichen Zuwachs aus den Reihen der Socialdemokraten verschaffen würde.

Die Tagespresse der anderen Parteien aber gab sich angesichts jener Streitigkeiten überschwänglichen Hoffnungen hin, sie gewahrte durch Vergrößerungsgläser einen unheilbaren, zum Verfall führenden Riß in der Socialdemokratie: man vergaß eben, daß letztere von Anfang an in zwei Strömungen sich entwickelt hatte, die stets jedoch in ein und dasselbe Meer sich zu ergießen streben. Auch herrschte in der That über das Parteiprogramm nach wie vor

vollständige Uebereinstimmung, und Grillenberger sprach im Sinne aller Parteigenossen, wenn er bei Einbringung des Arbeiterschutz=
gesetzentwurfes sagte, dasselbe sei eine bloße Etape und enthalte blos, was von der heutigen Gesellschaft und dem heutigen Staate zu erlangen und die ärgsten Auswüchse der heutigen Productions=
weise zu beseitigen geeignet wäre.

Es verlautete auch innerhalb der Socialdemokratie noch nirgends ein Zweifel an der Durchführbarkeit ihres Programms, wie auch keine Abnahme des Interesses an der Bewegung zu bemerken war. Gerade die deutsche Socialdemokratie hatte zudem am allerwenigsten Veranlassung, ihre Ansprüche zurückzuschrauben, solange die Ge=
sinnungsgenossen der ganzen Welt sie als Vorbild betrachteten und sie im eigenen Lande immer festeren Fuß faßte. Dies geschah aber nicht nur unter den Arbeitern, wie es in Ost= und Westpreußen, Westfalen, in der Rheingegend, Schlesien, Hannover und Sachsen wiederum sehr wahrnehmbar ward, sondern auch in anderen Kreisen der Bevölkerung. Die Fälle zum Beispiel, daß Socialdemokraten in die Gemeindevertretungen gewählt wurden, kamen immer häufiger vor und sind 1885 aus Gumbinnen, Braunschweig, Mannheim, München, Reudnitz bei Leipzig und Mittweida allgemein bekannt geworden. Im Königreich Sachsen saßen schon längst Social=
demokraten im Landtage, im Großherzogthum Hessen gelangten solche im Herbst 1884 von Mainz und Offenbach zu derlei Mandaten.

Die Opposition gegen das Krankenkassengesetz hatte sich 1885 sehr merklich vermindert, da man sich hinreichend überzeugte, daß die früher so gepriesenen freien Hülfskassen nicht im Stande waren, den an sie gestellten Ansprüchen auf die Dauer zu genügen. Auch mit dem Unfallversicherungsgesetz befreundete man sich im Allge=
meinen mehr, als es anfänglich den Anschein nahm, wenngleich

dasselbe den Agitatoren nach wie vor zu zahlreichen Ausstellungen Anlaß gab.

Den Mittelpunkt der öffentlichen Agitation bildete natürlich das Arbeiterschutzgesetz, und in diesem erweckte wieder der Normalarbeitstag und das Verbot der Sonntagsarbeit das lebhafteste Interesse, weil gerade diese beiden Reformen allen, auch den nicht in der Industrie beschäftigten Arbeitern am leichtesten verständlich sind, wogegen das ungeheure Problem einer gerechten Ausgleichung zwischen Individualbesitz und Gemeinbesitz, Capital- und Arbeitsertrag ihnen genau so über den Horizont geht, wie den Parteiführern selber, die sich blos mit hohlen Phrasen darüber hinwegsetzen. Alle Schwierigkeiten in der Ausführung des Arbeiterschutzgesetzes leugnend, konnte der Partei doch wenigstens das Zeugnis nicht versagt werden, daß sie in den zahllosen öffentlichen Versammlungen, in denen Normalarbeitstag und Sonntagsruhe discutirt wurden, sich bemühte, äußerlich innerhalb der gesetzlichen Grenzen zu bleiben und besonders grobe Ausschreitungen zu vermeiden. Es kamen deshalb gegen früher wenig Verbote und Auflösungen von Versammlungen, sowie Störungen der öffentlichen Ordnung vor. In letzterer Beziehung spielte aber das heimliche Anbringen rother Fahnen an hohen Bäumen, Schornsteinen, Telegraphenstangen und dergleichen, wie vordem eine große Rolle, und zwar wurden dazu mit Vorliebe revolutionäre Gedenktage, wie der 18. März, der Geburts- und Todestag Lassalle's, und andere gewählt. Ausschreitungen dieser Art erfüllten die Oeffentlichkeit namentlich in Berlin, Kiel, Merseburg, Solingen, Barmen, Plauen und wiederholt in Elberfeld. Außerdem wurden in Barmen bei dem Begräbnis eines Gesinnungsgenossen grobe Excesse gegen die Polizei verübt; in Hannover rief im April (1885) und in Ottersleben bei Magdeburg im Juni die Auflösung von Versammlungen große, in Widerstand und thätliche Angriffe gegen die Beamten ausartende Aufregung hervor. In Berlin wurden in einzelnen Fällen die Aufsichtsbeamten verhöhnt und beleidigt, und in Bielefeld nahm ein Strike im März bekanntlich so gemeingefährliche Formen an, daß der Belagerungszustand verhängt werden mußte. Das Tragen rother Blumen, Schleifen, Halstücher und ähnlicher Dinge bei Gelegenheiten, welche die Socialdemokraten in größeren Mengen zusammenführen, war übrigens nunmehr so gewöhnlich geworden, daß es von den Betheiligten selbst kaum noch als Agitationsmittel betrachtet wurde.

Neben der öffentlichen Agitation ward eine sehr lebhafte geheime fortgesetzt, theils zur Förderung der geheimen Organisation, wo sie noch locker, theils zur Gewinnung neuer Anhänger, theils zur Verbreitung des Parteiorgans und anderer Schriften. Die Schauplätze der geheimen Agitation blieben Werkstätten, Wohnungen, Schanklocale und besonders Landpartien, welch' letztere die erprobteste Gelegenheit bieten, ohne jede Gefahr über Partei-Angelegenheiten zu berathen. Die Berliner Socialdemokraten unternahmen fast an jedem Sonn- und Festtage dergleichen Ausflüge, ohne Rücksicht auf die Tageszeit, mitunter schon bei Tagesgrauen, und meistens in Begleitung von Frauen und Kindern, um so das Angenehme mit dem Nützlichen zu verbinden und die Familien für die Entbehrungen, welche ihnen der alltägliche lange Aufenthalt der Männer in Schanklocalen auferlegt, etwas zu entschädigen. Die geheime Organisation gestaltete sich zu einer wesentlich localen. Die bereits hervorgetretenen und zum Theil versuchsweise realisirten Bestrebungen, größere Bezirke oder gar ganze Provinzen einheitlich zu organisiren, hatten sich nicht bewährt und wurden auch noch auf einer während des Osterfestes (1885) am Rhein stattgehabten Zusammenkunft von Delegirten aus Westfalen und der Rheinprovinz ausdrücklich als verfehlt erklärt.

Starken Rückhalt gewährten der Socialdemokratie, wie früher die über ganz Deutschland verbreiteten gewerkschaftlichen Vereine, welche ebenfalls eine straffe Organisation zu erkennen gaben, insbesondere bei Inscenirung von Strikes, die bekanntlich nicht allein die Lohnbewegung fördern, sondern vielmehr noch das Großcapital schädigen und in unaufhörlicher Unruhe erhalten sollen. Auf dem Gewerkschaftscongreß in Bern zu Pfingsten (1885) wurde das Verhältnis der Fachvereine zur Socialdemokratie sehr treffend dahin bezeichnet, daß erstere das Rückgrat der anderen seien, daß letztere aus ihnen ihre Kräfte schöpfe und die Rekruten für ihre Armee beziehe. Selbstverständlich zogen sie die Aufmerksamkeit der Behörden auf sich. Aber auf welchem Wege sollten diese entweder gegen die 13 Centralverbände, oder gegen die einzelnen dazu gehörigen Vereine gleichmäßig einschreiten? Verstöße gegen das Socialistengesetz ihrerseits ließen sich ja nicht constatiren, und verschiedene Versuche, gegen sie als politische Vereine das Vereinsgesetz anzuwenden, hätten nur dann einen durchgreifenden Erfolg bewirken können, wenn die Gesetze der einzelnen Staaten den Begriff „politischer Verein" übereinstimmend definirt hätten. Auf Grund des bayrischen Gesetzes vom 26. Februar 1850, welches diesen Begriff am weitesten faßt, wurden die Fachvereine der Schneider, Schreiner und Metallarbeiter in München aufgelöst, und ebenso verfuhr man in Sachsen auf Grund des Gesetzes vom 22. November 1850. In Preußen unterblieb die Anwendung des Vereinsgesetzes; es wurden in Frankfurt a. M. aber die Fachvereine der Schuhmacher, Schneider und Tischler zum Austritt aus ihren außerhalb Preußen domicilirten Centralverbänden veranlaßt, weil diese mit Unterstützungskassen verbunden sind, für welche staatliche Genehmigung erforderlich ist; und die in Elberfeld bestandene Filiale des in Stuttgart domicilirten, mit einer Reise-Unterstützungskasse verbundenen Centralverbandes der

Tischler traf auf Grund des preußischen Gesetzes über Versicherungs-Anstalten vom 18. Mai 1853 ein Verbot.

Diese Maßregeln veranlaßten die Fachvereine, nach einer Form der Centralisation zu suchen, welche gegen die bestehenden Vereins-gesetze voraussichtlich nicht verstieß. In Sachsen verbarg man die Centralisation unter der durchsichtigen Hülle eines Unterstützungs-fonds. Derselbe sollte aus wöchentlichen Steuern, von deren Ertrag die Hälfte an eine ständig tagende Central-Verwaltungs-Commission abzuführen wäre, gebildet werden, und die Verbindung zwischen den einzelnen Vereinen sollten Delegirte bewerkstelligen, die alljährlich zu einem Congreß zusammen träten. In Hannover beschlossen die Maurer in einer am 23. März (1885) stattgefundenen Zusammen-kunft an Stelle eines beabsichtigten Centralverbandes die Einsetzung einer ständigen Commission, welche die Interessen ihrer deutschen Gewerksgenossen wahrnehmen, in Strikefragen Rath und Auskunft ertheilen und die Wanderunterstützung überwachen sollte, dabei aber nicht als Commission mit den Localvereinen, sondern nur privatim mit einzelnen Maurern in den verschiedenen Orten zu verkehren habe, um auf diese Weise die feste Organisation zu verdecken.

Die Geldverhältnisse der socialdemokratischen Partei waren nach allen verbürgten Nachrichten günstiger denn je. Die Reichs-tagswahlen hatten zwar die Opferwilligkeit auf's Höchste in Anspruch genommen, auch eine Menge Schulden hinterlassen, andererseits aber verminderten sich die Unterstützungen an Ausgewiesene sehr erheblich, so daß die laufenden Ausgaben geringer wurden. Für die Bedürfnisse der Partei, zu denen auch die den Abgeordneten zu zahlenden Diäten gehören, sorgte man in hergebrachter Weise durch Verkauf von Bons oder directe Sammlungen, wogegen die Kosten der localen Agitation durch den Ueberschuß bei Festlichkeiten, Ver-loosungen, Verkauf von Druckschriften und von Bildern hervor-

ragender Socialisten aller Länder, ferner durch Handel mit Busen=
nadeln, Broschen, Berloques, ja allen möglichen Waaren, die auf
Kosten der Partei angeschafft wurden, gedeckt werden konnten. An
einzelnen Orten flossen die Beiträge so reichlich, daß z. B. aus
Hamburg einmal 1000 Mk. und gleich hinterher 440 Mk. als
Unterstützung für die französischen Socialisten zu Wahlzwecken ab=
gesendet wurden.

Die socialdemokratische Presse, soweit sie in Deutschland erschien,
blieb im Jahre 1885 ziemlich auf dem früheren Status. Von
Vierecks Blättern traf die „Gerichtszeitung" und die „Harzer Post"
ein Verbot, sie wurden jedoch von ihm sogleich ersetzt durch
das „Deutsche Wochenblatt," welches sich hauptsächlich mit den
Besprechungen von Parlaments=Verhandlungen, daneben jedoch auch
in ähnlicher Weise, wie das „Recht auf Arbeit," mit der Lohn=
bewegung und anderen Arbeiterinteressen befaßte. Die weiteste
Verbreitung erlangte die seit dem 1. Januar täglich erscheinende
„Bürgerzeitung" in Hamburg. Alle diese Blätter übten aber wegen
der gemäßigten Haltung, die ihnen das Gesetz vom 21. October 1878
rathsam erscheinen läßt, auf die Parteigenossen nur geringen Reiz
aus und erlangten vornehmlich nur aus taktischen Gründen Unter=
stützung. Auch thaten ihnen die zahlreichen gewerkschaftlichen Fach=
blätter erheblichen Abbruch, indem alle für die Arbeiter der be=
treffenden Industriezweige irgend anziehenden Fragen hier noch ein=
gehendere Behandlung erfuhren. Vollends bedeutungslos erschienen
sie auch inhaltlich gegenüber dem officiellen Parteiorgan (der
„Socialdemokrat"), das, ohne durch irgend welche Rücksichten beengt
zu sein, die Propaganda für die socialdemokratischen Irrlehren
fortsetzte. Seine Auflage wuchs fast mit jedem Quartal und dem
entsprechend auch die heimliche Einführung nach Deutschland. Der=
artigem Schmuggel gründlich zu begegnen, erwies sich als unmöglich.

Zwar wurden häufig Briefe und Pakete, welche Exemplare des Blattes enthielten, mit Beschlag belegt, aber der bei Weitem größte Theil der Auflage gelangte doch regelmäßig in die Hände der Besteller. Die Expedienten hatten sich im Laufe der Jahre eine große Fertigkeit im Schmuggel erworben und bedienten sich dabei der verschiedensten Mittel und Wege. Wenn irgend möglich, bewirkten sie den Transport der ganzen Auflage auf einmal über die Grenze, und zwar nicht ausschließlich von einem Punkt der Schweiz aus, sondern auch auf dem Umwege über Frankreich und Belgien. Stellten sich Dem Hindernisse entgegen, so trugen sie die Zeitung in kleinen Quantitäten, an ihrem Körper unter der Bekleidung versteckt, hinüber. Zudem betheiligten sich unbewußt verschiedene kaufmännische Geschäfte, welche größere Waarenballen aus der Schweiz bezogen, an solcher Fortschaffung, indem die die Verpackung besorgenden Arbeiter den Waaren größere und kleinere Partien der Zeitung beifügten, die dann am Bestimmungsorte von den in dortigen Handlungshäusern beschäftigten Vertrauensmännern in Empfang genommen wurden. Weil jedoch der häufige Empfang gleichgeformter Pakete aus einem und demselben Orte durch eine bestimmte Person Verdacht erwecken konnte, ward stets mit den Empfängern und Aufgabeorten gewechselt. Pakete für Berlin trafen z. B. aus Crefeld, Köln, Harburg, Hemelingen ein, für Erfurt aus Rendsburg, für Braunschweig aus Elberfeld, für Frankfurt a. M. aus Harburg, Pakete für Hamburg aus Köln, Halle, Magdeburg und Berlin. Zu den meisten Beschlagnahmen führten lediglich ungenaue oder falsche Deckadressen.

In den Verhältnissen der Socialdemokratie zu den Anarchisten brachte der Verlauf eines Jahres keine Aenderung zuwege. Man fuhr fort, sich gegenseitig mit der größten Erbitterung zu bekämpfen, was auf Seiten der Socialdemokraten aber nur rein äußerlich geschah. Während die Anarchisten ebenso innerlich den tiefsten Haß und man möchte sagen schier souveräne Verachtung gegen die andere Partei zu erkennen gaben, lag und liegt ein solches Gefühl der letzteren fern und muß den Socialisten fern liegen, weil ihre Ziele mit denen der Anarchisten durchaus verwandt sind, und durch deren Thaten oder richtiger Missethaten die Erreichung derselben ebenfalls näher gerückt wird, gleichviel auf welche Zeit. Die sittliche Entrüstung, welche die Socialdemokratie jedesmal zur Schau trug, wenn ihre nahe Verwandtschaft auch nur andeutungsweise berührt ward, war ohne alle und jede Berechtigung. Ein Beweis dafür mußte u. a. darin gefunden werden, daß der Hochverräther Hödel, der zur christlich-socialen Partei überhaupt blos als Kundschafter abcommandirt worden war und bis zu seinem Attentat mit der Socialdemokratie im innigsten Einvernehmen lebte, erst nach dem Bekanntwerden des Attentats auf eine telegraphische Requisition an das damals in Hamburg domicilirende Central-Comité aus der Partei ausgeschlossen, der betreffende Beschluß aber um mehrere Tage vordatirt und in dieser Form veröffentlicht wurde. Nach längerer Pause hatten übrigens, wie es unbedingt noch frisch im Gedächtniß des Lesers lebt, die deutschen Anarchisten wiederum durch ein Verbrechen die allgemeine Aufmerksamkeit erregt, welches sich denen der Kammerer, Stellmacher, Kumitsch und Reinsdorf würdig anschloß und mit Rücksicht auf die Drohungen, welche der Mörder Lieske nach seiner Verurtheilung ganz im Sinne Most's ausstieß, keineswegs als das letzte seiner Art betrachtet werden durfte. Den Anweisungen dieses Elenden streng gefolgt zu sein, dieser traurige Ruhm fällt bis jetzt, wo wir diese Zeilen schreiben, nur auf Deutsche und Oesterreicher. Nach Wahrnehmungen der Behörden hielten sich aber nicht mehr im Wupperthale vorzugsweise Anarchisten auf, sondern in größerer Anzahl auch in Berlin, Magdeburg, Branden-

burg, Breslau, Hamburg, Mannheim und anderen Orten am Mittel=
rhein. Nach den angestellten Beobachtungen schien sich die Thätigkeit
Dieser aber hauptsächlich auf den Bezug und die Verbreitung der
„Freiheit" zu beschränken, während in Elberfeld im Winter 1884/85
wiederholt aufrührerische Plakate mit der Aufschrift: „Hoch die
Anarchie, hoch die Most'sche ‚Freiheit,' nur Dynamit kann uns
helfen!" u. s. f. zur Nachtzeit an Häusern und Bäumen angeheftet
wurden. Die Berliner Anarchisten legten sich die größte Reserve
auf und hielten sich fort und fort zu den Socialdemokraten, um
im Falle ihrer Ausweisung ein Anrecht auf Unterstützung durch
letztere geltend machen zu können.

Die „Freiheit" wurde in 5000 Exemplaren gedruckt, von denen
bloß 500 in Amerika verblieben, welche allein sämmtliche Herstellungs=
kosten trugen, da die nach Europa verschickten keinerlei Gewähr für
Bezahlung zurückließen. Die Einführung nach Deutschland und
Oesterreich erfolgte während des ganzen Jahres 1885 von London
aus, wo der berüchtigte Oesterreicher Neve der „Centralstelle" vor=
stand. Directe Beförderung machte natürlich die scharfe Wachsam=
keit der Behörden unthunlich.

Von der zweiten anarchistischen Zeitung „Der Rebell" fielen
der deutschen Polizei Exemplare der Nummern 7—9 in die Hände.
Letztere brachten ausführliche Nachrichten über die Verhältnisse der
deutschen Revolutionäre in London, deren wir weiterhin gedenken.
Da dies unregelmäßig erscheinende Blatt sich als Organ der Londoner
Anarchistengruppe „Autonomie" kennzeichnete, durfte man die englische
Hauptstadt auch als Druckort desselben annehmen. —

Wir gelangen nunmehr in Bezug auf das Deutsche Reich zum
letzten Abschnitte des mehr als dreijährigen Zeitraums, über welchen
einen Gesammtblick zu werfen wir uns zur Aufgabe gestellt, soweit uns
dazu genügendes, also auch verbürgtes Material zur Verfügung stand.

Hatte sich in den letzten fünf Jahren in den meisten Ländern Europas und in Nordamerika ein stetes Wachsthum der Socialdemokratie unschwer wahrnehmen lassen, so doch zu keiner Zeit in dem Umfange, wie in den zwölf Monaten der Periode, mit welcher wir hier enden, und die damit verbundenen Gefahren für eine ruhige Fortbildung der heutigen staatlichen und gesellschaftlichen Ordnung sind zu ungemeiner Höhe gestiegen. Nicht nur erweiterten sich die Kreise, welche von den socialistischen Irrlehren ergriffen wurden, in außergewöhnlicher Weise, auch Ziel und Wesen der Bewegung änderten sich durchaus. An die Stelle berechtigter oder selbst nur billiger und vor allen Dingen erfüllbarer Wünsche traten die ungemessensten Forderungen, die sogenannten arbeitenden Klassen wurden mit Mißachtung gegen alle göttlichen und menschlichen Gesetze, mit Neid, Haß und Feindseligkeit gegen die besitzenden Klassen erfüllt und von dem friedlichen Kampf um die Verbesserung ihrer Lage auf den Punkt hingedrängt, welchen das Wort Gewalt bezeichnet.

Deutschland vornehmlich behielt die hervorragende und deshalb von den Revolutionären aller Länder beneidete und scharf beobachtete Stellung, welche es von jeher in dieser Bewegung einnahm. Die Socialdemokratie ist dermalen über das ganze Reich verbreitet, wohl organisirt und zu einer Stärke gediehen, daß die Führer bereits genau den Termin bestimmen, an welchem es zum „Losschlagen" kommen soll. Ja, Liebknecht äußerte (nach einem glaubwürdigen Bericht) während seiner jüngsten Anwesenheit in New-York, die deutsche Socialdemokratie sei an ihrem Theil bereits kräftig genug, um mit den Waffen in der Faust den allgemeinen Kampf gegen Staat und Gesellschaft zu unternehmen, nur sei die rechte Stunde dazu noch nicht gekommen. Es ist kein Geheimniß, die socialistische Revolution soll des gründlichen Erfolges wegen gleichzeitig in ganz

Europa ausbrechen. Wenn es in Deutschland noch nicht zu den ernstesten Ausschreitungen kam, so ist das neben der Aufmerksamkeit und Wachsamkeit der Behörden dem Umstande zu verdanken, daß die socialistischen Parteiführer selber noch Frieden brauchen; und vermöge der Disciplin, an welche sie ihre Anhänger gewöhnt haben, und welche sie zu bewahren verstehen, kommt ihnen dabei der sich überall geltend machende Grundzug des deutschen Charakters, der Hang zur Ruhe und Besonnenheit, zu statten. Der „Socialdemokrat" ermahnt überdies fortgesetzt zur Mäßigung gegenüber „all' den schamlosen Provocationen," denen die Partei ausgesetzt wäre, unterläßt aber niemals, hinzuzufügen, Nichts werde vergessen und die ausgiebigste Rache dafür geübt werden. Wie diese Rache zu verstehen, das wissen die Arbeiter aus den unter ihnen verbreiteten Schilderungen der Scheusale, welche die erste französische Revolution auf die Bildfläche geworfen. Robespierre, Marat und Consorten sind darin „edle und gerechte Menschen."

Reibungen und Streitigkeiten aber haben der Entwicklung der Gesammtpartei bisher Nichts geschadet, und Liebknecht hatte nicht gerade Unrecht, wenn er sagte, die Anhänger der Socialdemokratie seien bereits so stark, daß sie sich den Luxus verschiedener Meinungen leisten könnten.

Inzwischen hatten die Meinungsverschiedenheiten an einzelnen Orten, wie Mainz und Magdeburg, doch eine vollständige Trennung herbeigeführt, und Frohme drohte ernstlich, eine Partei mit entschieden friedlichen Tendenzen gründen zu wollen. Die anderen Führer betrachteten diese Drohung auch keineswegs leichthin, und sie sollte ein Hauptgegenstand der Berathung des zum beginnenden Herbst (1886) anberaumten regelmäßigen Congresses sein. Zu einem der weiteren Berathungsgegenstände sollte eine vom „Socialdemokrat" vorgeschlagene Bestimmung dienen, welche die directe

Bekämpfung der Religion zur Parteipflicht macht, was ganz besonders den Intentionen Bebel's entsprach, der ja im sächsischen Landtage die Kirche wörtlich für die größte Verdummungsanstalt erklärte.

Doch mit Rücksicht auf die jedenfalls abstoßende Wirkung einer solchen Bestimmung vornehmlich auf die ackerbautreibende Bevölkerung nahm man von derselben sofort Abstand. Die Resultate der Wühlereien unter den Landleuten waren ohnehin noch keine befriedigenden, man durfte sich deshalb die hier schwierige, von vielen handgreiflichen Erfahrungen begleitete Agitation nicht noch mehr verbittern. Die Bauern sind in ihrer Mehrheit noch heute nicht „reif für die höchste Vernunfterkenntnis," und fortwährend sind sie gar zu sehr geneigt, der alleinseligmachenden socialistischen Weisheit ein argumentum ad baculum entgegenzusetzen, zu deutsch: den Gegenbeweis durch Prügel zu führen.

Der geplante Congreß selber kam nicht zu Stande, hauptsächlich infolge des Anklageprozesses gegen mehrere Parteihäupter auf Grund der §§ 128, 129 des Reichsstrafgesetzbuches vor den Landgerichten Chemnitz-Freiberg in Sachsen, dessen für die Angeklagten ungünstiger Ausgang noch in frischer Erinnerung steht. So wurden denn die ausgebrochenen Gegensätze und Streitigkeiten auf anderem Wege beseitigt und geschlichtet, Frohme jedoch so lahm gelegt und in Mißliebigkeit versetzt, daß man sich z. B. in Berlin und Hamburg weigerte, ihn als Redner in den Versammlungen anzuhören, ja von verschiedenen Seiten her seine Ausstoßung aus der Partei heischte. Und ähnlich erging es Viereck, weil er in einem Vortrage beiläufig bemerkt hatte: es sei unleugbar, daß unser Kaiser ein warmes Herz für das Wohl der Arbeiter habe. Man griff ihn auf's Heftigste deshalb an und zwang ihn, sich selbst zu desavouiren.

Bei all' diesen Vorgängen aber zeigte es sich, daß Bebel, Liebknecht und von Vollmar das höchste Ansehen in der Partei genießen, daß also die radicale Richtung die Herrschaft über sie besitzt.

Mit Rücksicht auf die von der Socialdemokratie sowohl, als auch von anderer Seite erhobene Klage, daß erstere durch strenge Anwendung des Ausnahmegesetzes verhindert werde, sich über ihre Anschauungen in angemessener Weise zu äußern, gewährte man ihr längere Zeit hindurch große Redefreiheit und bot ihr weit über das Bedürfnis hinaus Gelegenheit, ihre Wünsche und ihre Ansichten über die Reformvorschläge der Regierungen zur allgemeinen Kenntnis zu bringen. So lange nun die letzte Verlängerung des Ausnahmegesetzes noch zweifelhaft blieb, trieb sie mit der Redefreiheit im Durchschnitt fast gar keinen Mißbrauch; als aber ihre Hoffnung in jener Richtung zu schwinden begann, glaubte sie sich auch keinen Zwang mehr anthun zu sollen, und ihre Redner in den zahllosen öffentlichen Versammlungen zeigten allmählich wieder ihr wahres Gesicht. Die Regierungsmaßnahmen wurden wiederum verhöhnt, Unzufriedenheit mit den bestehenden Zuständen und Haß gegen die „Ausbeuter" erregt und deutlich darauf hingewiesen, daß, da an ein freiwilliges Aufgeben der absolut verwerflichen heutigen politischen und socialen Ordnung seitens der herrschenden Klassen nimmermehr zu denken, deren gewaltsamer Umsturz in kurzer oder längerer Frist unvermeidlich sei, weshalb die Arbeiter sich rechtzeitig für den bevorstehenden Kampf fertig machen und treu zu den bewährten Führern der Socialdemokratie halten müßten. Sogar der bis dahin für gemäßigt geltende Abgeordnete Singer sprach in einem nach seiner Ausweisung aus Berlin verbreiteten Flugblatt, in welchem er sich von seinen Wählern verabschiedete, von „Scheinreformen" der Regierung, die man mit der äußersten Energie bekämpfen müsse. Hiervon abweichende Anschauungen gelangten sehr selten zum Ausdruck und fanden auch bei den Zuhörern nie rechten Beifall.

Kein Wunder denn, daß die Behörden die Zügel wieder straffer anzogen, und es mehrten sich demgemäß die Verbote und Auflösungen öffentlicher Versamlungen im ganzen Reich. In Berlin hingegen, wo eine entsprechende Controle bei der außerordentlich großen Zahl der täglich stattfindenden Versammlungen sich als unausführbar erwies, wurde schließlich auf Grund des § 28 des Gesetzes deren Abhaltung von der vorherigen Einholung polizeilicher Erlaubnis abhängig gemacht.

Seitdem herrschte äußerlich leidliche Ruhe, und dies hatte den einen Vortheil, daß der schlimme Einfluß fortgesetzter Aufreizungen auf die große Masse für einige Zeit geschmälert wurde. Um so lebhafter aber rührte sich die Agitation wieder im Geheimen, in Werkstätten, Schanklocalen und auf den beliebten gemeinsamen Ausflügen mit oder ohne Betheiligung der Familien.

Trotz aller ernst gemeinten Abmahnungen der Parteiführer fehlte es auch an Demonstrationen und Excessen nicht, und dies durfte wohl als ein Beweis der kampflustigen Stimmung der Majorität betrachtet werden. Das Aufhissen rother Fahnen an schwer zugänglichen Orten, das Tragen von rothen Blumen, Schleifen, Halstüchern bei Lustbarkeiten, wie bei Begräbnissen, gehörte nachgerade zu den harmlosen Erscheinungen dieser Art. Bedenklich aber mit allem Fug mußten den Aufsichtsbeamten offene Widersetzlichkeiten und Thätlichkeiten gegen sie in Anwesenheit großer Volksmengen erscheinen. So wurden, um nur wenige der wichtigeren Fälle herauszuheben, bei der Lassallefeier in Köpnick bei Berlin, an den etwa 5000 Personen theilnahmen, die Aufsichtsbeamten, welche pflichtgemäß aufreizende Reden verhindern und eine auf dem Versammlungsplatz angebrachte rothe Fahne entfernen wollten, gröblichst beschimpft und in Ermangelung anderer Waffen mit einem Steinregen heimgesucht, so daß sie in wirkliche Lebensgefahr geriethen. Aehnlich verlief ein Ausflug, den ebenfalls mehrere Tausend Berliner Socialdemokraten am 3. Juni (1886) nach Grünau unternommen hatten. Am 23. April zog in Spremberg, nachdem Tags zuvor die Polizei genöthigt gewesen, gegen einige angetrunkene Militärpflichtige einzuschreiten, ein Haufe Socialdemokraten mit einer rothen Fahne und unter Absingung revolutionärer Lieder durch die Straßen, setzte den zur Ruhe mahnenden Aufsichtsbeamten thätlichen Widerstand entgegen und offenbarte dabei eine so hochgradige Erregung, daß die Einführung des kleinen Belagerungszustandes in der Stadt und deren nächster Umgebung für nothwendig erachtet wurde. Ferner kam es am 23. Mai in der Nähe von Werdau in Sachsen bei der Auflösung geheimer Versammlungen zum Handgemenge zwischen Beamten und Socialdemokraten. Im September endlich führte in Leipzig eine Rotte, welche einem Ausgewiesenen unter Absingung der Arbeiter-Marseillaise und Vorantragung einer rothen Flagge das Geleite gab, einen beiderseits blutigen Zusammenstoß mit mehreren Schutzmännern herbei.

Gewöhnlich ward nach solchen Ereignissen in der socialdemokratischen Presse die Behauptung aufgestellt, die Genossen wären durchaus friedlich gesinnt gewesen und hätten sich lediglich durch Uebergriffe und unerträgliche Provocationen seitens der Beamten verleiten lassen, aus ihrer grundsätzlich friedlichen Haltung herauszutreten. Aber den Beweis dafür ist sie in jedem einzelnen Falle schuldig geblieben.

Eine Zeit lang war die geheime Parteiorganisation einigermaßen vernachlässigt worden. Nachdem sich jedoch die Nothwendigkeit herausstellte, die wirklichen überzeugten Parteimitglieder als festen Kern, um den sich die noch im Uebergangsstadium befindlichen und deshalb noch nicht völlig zuverlässigen Arbeiter gruppiren sollten, mehr zusammenzuhalten, legte man auf die geheime Organisation wieder größeren Werth.

In München gelang es, die dortige geheime Organisation vollständig aufzudecken, und es offenbarte sich dabei, mit welch' musterhafter Sorgfalt und Umsicht dieselbe eingerichtet worden. Aehnliche Organisationen zeigten sich an allen Orten, wo eine stärkere Anzahl von Parteigenossen lebte, insbesondere in Berlin, Hamburg, Dresden, Leipzig, in den Industriebezirken der Lausitz, in Elberfeld=Barmen, Braunschweig. Dieselben verfolgten alle gleichen Zweck, nämlich die der Aufmerksamkeit der Behörden möglichst entzogene Aufrechterhaltung der Verbindung unter den einzelnen Genossen zur Sammlung von Geldbeiträgen, Verbreitung von Schriften, Empfangnahme der Anordnungen der Parteileitung und dergleichen mehr. In Frankfurt a. M. brachte der im Januar 1887 gegen Prinz, Füllgrabe und Genossen geführte Anklageproceß die dortige geheime Organisation zur allgemeinen Kenntnis. Die Stadt war in 13 Kreise getheilt, die von je einem Vorsteher geleitet wurden. Selbstverständlich richtete sich die Form der Einrichtung je nach den localen Bedürfnissen. In Braunschweig z. B. verbarg sich, ganz abweichend von München, Hamburg und vielen anderen Orten die Organisation unter 7 über die Stadt vertheilten „geselligen" Vereinen, die abwechselnd an einem Tage der Woche zusammenkamen und je einen hierzu ein für allemal bestimmten Delegirten der anderen 6 Clubs bei sich empfingen, welche zusammen die locale Parteileitung bildeten und die Verbindung zwischen den einzelnen Clubs in der ungezwungensten und scheinbar harmlosesten Weise aufrecht erhielten.

In Lichtenberg=Friedrichsberg bei Berlin verbarg sich das Treiben der socialistischen Obmänner beider Orte in einem Spielclub unter dem Namen „Carreau=As". Die Auswahl geeigneter Vertrauensmänner stieß aber häufig auf Schwierigkeiten, weil derartige Aemter, soweit ihnen der Bezug der verbotenen Presse oblag, mit Gefahren, und soweit es sich um die Kassenverwaltung handelte, mit allerlei Versuchungen verknüpft sind. Nach beiden Richtungen hatte die Partei unter Anderem in Berlin trübe Erfahrungen einzuheimsen. Nicht nur wurden bedeutende Mengen verbotener Schriften abgefangen, sondern auch erhebliche Kassenbestände unterschlagen, und das Mißtrauen gegen die dortige Parteileitung stieg in Folge dessen dergestalt, daß ein Wechsel im gesammten Personal stattfand und das System der Kassenverwaltung gänzlich umgeändert ward. Ungeachtet dieser wiederkehrenden Uebelstände gelingt es jedoch nach kurzer Frist immer wieder, für die erledigten Functionen Leute zu finden.

Als sehr wichtig für die socialdemokratische Partei erwiesen sich nach wie vor die gewerkschaftlichen Vereine, weil sie, obgleich größtentheils aus Socialdemokraten bestehend, sich unter dem Schutze der Gesetze in voller Oeffentlichkeit entfalten durften und eine wohlorganisirte Armee darstellen, die den Hauptleitern der Partei jederzeit zur Verfügung stand und dermalen noch steht. Während daher die Partei mit großem Eifer und, ausgenommen in Baiern, wo das Interesse für die Fachvereine merklich abgenommen, auch mit Erfolg für dieselben Propaganda machte, so daß die Zahl derselben bereits auf etwa 2000 mit 29 Centralverbänden gestiegen, waren die Behörden selbsterklärlich unentwegt bemüht, ihnen entgegenzutreten, wo es nöthig erschien: ein, wie schon von uns dargelegt, allerdings schwieriges Stück. Dennoch gelang es, einige solcher Vereine zu unterdrücken, nur daß die Partei erfindungsreich genug war, namentlich die Centralverbände unter anderer Form wiederherzustellen. Es muß aber Gelegenheit gesucht werden, den Fachvereinen wirksamer zu Leibe zu gehen, sie gänzlich lahm legen zu können. Sie sind vollständig zu Brutstätten der Socialdemokratie entartet (fast sämmtliche Leiter der gewerkschaftlichen Verbindungen in Berlin wurden für die Februarwahlen d. J. als socialdemokratische Candidaten aufgestellt), sie haben sich auch der Führerschaft in der Lohnbewegung bemächtigt und diese zum Theil in ganz ungesetzliche Bahnen gelenkt, indem sie einerseits durch Arbeitssperrung (sogenanntes „Boycotten"), Entfernung der unverheiratheten Arbeiter aus dem Orte und Verhinderung des Zuzugs von außerhalb, die Arbeitgeber zur Erfüllung ihrer Forderungen, andererseits durch Drohungen und Thätlichkeiten anders denkende Arbeiter zur Unterwürfigkeit unter ihre Anordnungen zu zwingen suchten. So ist es in Berlin, Leipzig und in anderen Städten wiederholt vorgekommen, daß Arbeiter, welche die Theilnahme an einem von den Fachvereinen angeordneten Strike verweigerten, vor Mißhandlungen seitens der strikenden Genossen durch Aufsichtsbeamte geschützt und nach und von den Arbeitsstätten begleitet werden mußten. Eine Verallgemeinerung dieser Kampfesweise steht in Sicht, wenigstens billigte sie der „Socialdemokrat" als eines der Mittel, das Capital in beständigem Schrecken zu erhalten und zu schädigen.

Auch auf die erst vor anderthalb Jahren durch eine Frau Guilleaume, geborene von Schack, hervorgerufene Lohnbewegung unter den Arbeiterinnen mußte die Socialdemokratie, vornehmlich durch die persönlichen Bemühungen der Abgeordneten Singer und Kräcker, in überraschend kurzer Zeit sich maßgebenden Einfluß zu verschaffen. Dadurch aber zumeist wurde die Schließung der meisten Arbeiterinnen-Vereine und das Verbot des von der verehelichten Guilleaume herausgegebenen Parteiorgans „Die Staatsbürgerin" herbeigeführt.

Von den in Berlin entstandenen Arbeiter-Bezirksvereinen, die zwar wegen der Selbstständigkeit, die sie beanspruchten, von der obersten Parteileitung nie mit besonders günstigen Augen angesehen worden, aber durch lebhafte Agitation der Partei sehr nützlich ge=

wesen sind, konnten zwei unterdrückt werden, und unter Umständen dürfte das Verbot aller zu erwarten sein.

Ueber die Vermögensverhältnisse der Partei liegen aus der letzten Zeit Nachrichten, welche von wesentlichen Aenderungen sprächen, nicht vor. Die Einnahmen aber reichten zur Deckung der erheblichen Ausgaben stets hin, und wenn die Opferwilligkeit einmal nachließ, so genügte, um die Quellen wieder ergiebiger fließen zu machen, eine leise Ermahnung oder auch indirecte Anregung, wie z. B. der Erlaß des preußischen Ministeriums des Innern über die Strikes, oder die kraft des § 28 des Socialistengesetzes eingeführte Beschränkung des Versammlungsrechts. Die Formen für die Einsammlungen blieben die bereits geschilderten.

Die socialistische Presse wußte eine solche Vermehrung zu erzielen, daß sie den Stand vor Erlaß des Socialistengesetzes überschritt. Im Laufe der letzten zwölf Monate kamen zu den bereits bestehenden 10 neue Zeitungen hinzu, so daß sich deren Gesammtzahl auf 50 belief, nicht zu rechnen die Blätter, die mit dieser Partei liebäugeln, wie die „Berliner Volkszeitung" und die „Frankfurter Zeitung". Von ersteren wurden allerdings 9 wieder verboten, aber der Rest ist doch noch sehr erheblich, zumal auch 23 Organe der gewerkschaftlichen Verbände der Sache der Socialdemokratie dienen. Einige der Blätter wiesen einen gemeinsamen Redacteur auf und in ihrem politischen Theil auch denselben Inhalt, waren indeß für verschiedene Gegenden des Reichs bestimmt, das nunmehr mit dem Netz der socialdemokratischen Presse ziemlich gleichmäßig überzogen ist. Und trotz der Reserve, welche das Ausnahmegesetz erheischt, ist sie doch in der Lage, die Klassengegensätze zu schärfen, indem sie sorgsam Alles hervorsucht, was die Situation der Arbeiter in ein günstiges Licht zu stellen vermag. Daß sie als Propaganda-Mittel aufgefaßt wird, dafür spricht, daß die einzelnen

Blätter im Durchschnitt einen Leserkreis von 3000 Personen haben, der nur bei einigen, z. B. der „Hamburger Bürger=Zeitung", bis auf 10 000 steigt.

Der „Socialdemokrat", trotz aller Verleugnungen fort und fort das officielle Organ der Parteileitung, ist zu einer Auflage von 10 500 Exemplaren gestiegen, von denen bei Weitem der größte Theil nach Deutschland eingeführt wird. Ihm dauert der Ausbruch der allgemeinen Revolution schon viel zu lange; ihm ist „ein frischer fröhlicher Krieg" viel lieber als die noch herrschende „Kirchhofsruhe unter dem geknechteten deutschen Proletariat"; er ist „der letzte, der einen Stein auf die Mörder des Gruben=Directors Watrin werfen würde", und fast jede seiner Nummern, nunmehr „des trockenen Tones satt", enthält Drohungen, Aufreizungen und Schmähungen der allerschlimmsten Art. Die Parteileitung in Deutschland erklärt scheinheilig die Maßlosigkeit seiner Sprache durch die erschwerte Verbreitung des Blattes; wenn es aber ihren An= schauungen nicht ganz entspräche, so würde sie nicht so bedeutende Mühe und Kosten auf seine Verbreitung verwenden lassen. Und es steht daher außer Zweifel, daß er die Anschauungen der Bebel= Liebknecht'schen Majorität zum Ausdruck bringt.

Die heimliche Einführung geschieht noch in der unseren Lesern bekannt gegebenen Weise und ließ sich trotz aller Aufmerksamkeit der Grenzbehörden nicht hindern. Doch der directe Weg aus der Schweiz nach Deutschland scheint für den Schmuggel umfangreicher Sendungen nur noch ausnahmsweise benutzt zu werden; öftere Beschlagnahmen wiesen vielmehr darauf hin, daß das Gros der Auflage durch Frankreich nach Belgien geht und von dort zum Theil über verschiedene Punkte der Grenze auf dem Landwege gebracht, zum Theil zur See weiter nach der Nordsee=Küste spedirt wird.

Von sonstigen aus dem Auslande eingeführten Preßerzeugnissen erwähnen wir die in Zürich in kleinen Octavheften und in unregelmäßigen Fristen erscheinende „Socialdemokratische Bibliothek", Auszüge aus den Schriften namhafter socialistischer Autoren enthaltend.

In Schleswig wurden die Behörden eines für die Landbevölkerung berechneten, von Hasenclever verfaßten Flugblattes habhaft, und in Berlin verschiedener Flugblätter, welche den Arbeitern, Handwerkern und Kleinbürgern in greller, aufreizender Weise ihre Zukunft bei der Fortdauer der gegenwärtigen Productionsweise ausmalten.

Die deutschen Anarchisten katexochen machten sich glücklicher Weise nur wenig bemerkbar, und es fand sich Keiner unter ihnen, welcher den wiederholten, dringenden Aufforderungen der „Freiheit", den Tod des Mörders Lieske zu rächen, gefolgt wäre oder den Versuch dazu unternommen hätte. Man müßte es jedoch eine Verblendung heißen, daraus nur die geringste Garantie für die Zukunft entnehmen zu wollen. Auch früher gab es Perioden der anscheinenden Ruhe, und Gefahren drohen nicht allein von den einheimischen Anarchisten, sondern auch von den im Auslande lebenden. In London und New-York sind durch Sammlungen anarchistischer Clubs besondere Fonds zur Unterstützung und Entschädigung der Verüber solcher Verbrechen gebildet.

Unsere Anarchisten beschränkten sich in der letzten Zeit, die wir hier zu betrachten haben, darauf, durch Briefwechsel und gegenseitige Besuche untereinander und mit dem Auslande Verbindungen zu unterhalten und ihre geistige Nahrung, die „Freiheit", den „Rebell" und ähnliche Schriften zu beziehen und zu colportiren. Die Verbreitung der „Freiheit" hatte indeß gegen früher sehr nachgelassen, woran einerseits der Umstand, daß gelegentlich der Ausweisungen aus der Schweiz und des Wechsels in der Person des

Londoner Expedienten eine Menge Adressen verloren gingen, andererseits die gehäuften ungemeinen Schwierigkeiten Schuld sind, mit welchen die Einführung des Blattes verbunden war, so raffinirt man auch dabei zu Werke ging. Redaction und Hauptexpedition wurden übrigens heimlich von New-York nach Jersey-City verlegt: von da ab trat eine lange Pause in dem Erscheinen des Blattes ein, welche die Hoffnung erweckte, es überhaupt nicht wieder erstehen zu sehen. Der „Rebell" erschien wegen chronischen Geldmangels durchschnittlich alle zwei Monate und nur in einer Auflage von 500 bis 600 Exemplaren. Auch er wurde größtentheils über Belgien nach Deutschland eingeschleppt; da aber eine für Berlin bestimmte Sendung aus einem deutschen Hafen hier eintraf, so war anzunehmen, daß auch Matrosen den Transport vermittelten.

II.

Die Schweiz.

Die schweizer Socialisten hatten den deutschen Genossen die Freundschaft gekündigt und eine vollständige Trennung von ihnen vollzogen, hoffend, damit ihren Interessen besser als bisher zu dienen. Aber die Trennung erwies sich keineswegs so vortheilhaft, als sie von vornherein erwarteten. Es fehlte ihnen mit Ausnahme derer in den drei französischen Cantonen an Einigkeit und Initiative. Und obwohl sie gleich ihren Gesinnungsgenossen in andern Ländern von der Nothwendigkeit durchgreifender Aenderung der bestehenden Zustände durchdrungen waren, gaben sie doch, seitdem die Anregung durch die Deutschen wegfiel, ihren Führern zu bitteren Klagen Anlaß. Obrist und Herter, welche den meisten Einfluß besaßen, warfen die Flinte ins Korn und wanderten nach Amerika aus, und der Redacteur der „Arbeiterstimme", der schon erwähnte Conzett, drohte diesen zu folgen, wenn es nicht bald gelänge, der Bewegung wieder einen größeren Aufschwung zu verschaffen.

An einem solchen hatten begreiflicherweise auch die Deutschen erhebliches Interesse, und, des Oefteren ersucht, sich den Schweizern wieder zu nähern und die aufgehobene Vereinigung neuerdings

anzubahnen, schlugen sie zu dem Behuf einen allgemeinen Arbeiter=
tag vor, der im September 1883 zu Zürich abgehalten worden,
und an welchem sämmtliche deutsche und schweizerische Socialisten=
Vereine theilnehmen sollten. Der Vorschlag fand Anklang, und auf
einer Versammlung von 28 Delegirten in Zürich am 12. Juni
wurde das Programm festgestellt, ingleichen eine Commission von
9 Personen zur Ausführung der erforderlichen organisatorischen
Arbeiten gewählt. Als Berathungsgegenstände enthielt das Programm:
die Lage der Arbeiter in der Schweiz, Fabrikgesetze, Haftpflicht,
Verbreitung socialistischer Ideen in der Schweiz, staatliche Unter=
stützung der Krankenkassen, Einführung von Gewerbeschiedsgerichten,
die Möglichkeit des Zusammenwirkens aller im Lande befindlichen
Arbeiterorganisationen und schließlich eine internationale Arbeiter=
Gesetzgebung.

Von geringerem Erfolg waren die Bemühungen der Deutschen,
die Feier des 18. März möglichst imposant und zu einer inter=
nationalen zu gestalten. In Genf, welches in dieser Hinsicht
hauptsächlich in Betracht kam, lehnten die Schweizer, Russen, Polen
und Italiener die kaum zugesagte Theilnahme ab, und von den
Abgeordneten, welche die Festreden halten sollten, erschienen nur
Grillenberger und Frohme, so daß die Feier über den geringen
Umfang früherer Jahre nicht hinausging.

Die Deutschen waren überhaupt weit rühriger als die Schweizer.
Das Erscheinen des Parteiorgans in ihrer Mitte, die Verpflichtung
dasselbe zu verbreiten, der ununterbrochene Verkehr mit der Heimat,
das Bewußtsein des Gewichts ihrer Agitationen für die Bewegung
im Deutschen Reiche, sowie, wessen wir schon gedachten, öftere Besuche
von Bebel, Liebknecht, Frohme, von Vollmar, Dietz und Grillenberger,
trugen dazu bei, ihr Interesse lebendig zu erhalten. Indessen
fehlte es auch bei ihnen nicht an Zwistigkeiten, und auf einer

Zusammenkunft von 70 Delegirten aus verschiedenen Städten zu Biel im Mai mußte das Geständnis abgelegt werden, daß sowohl Organisation als Agitation noch viel zu wünschen übrig ließen. Auch nahm die schon 1882 begonnene Scheidung der Gemäßigten und der Revolutionäre ihren Fortgang, wie denn in Lausanne die Gemäßigten, in Biel die Revolutionäre ihren Austritt aus den bis dahin gemeinsamen Vereinen erklärten und neue gründeten.

An die Oeffentlichkeit traten aber die Revolutionäre oder Anarchisten nur wenig. Desto eifriger wirkten sie im Stillen für ihre Pläne, und durch die ihnen eigene Energie erlangten sie an einigen Orten das entschiedene Uebergewicht, ohne daß sie jedoch damit eine erhebliche Vermehrung ihrer Gesammtzahl erreichten.

Natürlich widmeten ihnen die schweizer Behörden, namentlich seit den Unruhen im südlichen Frankreich, die wenigstens theilweise auf die von der Schweiz ausgegangenen Agitationen zurückgeführt werden mußten, eine ganz besondere, ihnen allerdings sehr unbequeme Aufmerksamkeit. Wiederholt wurden aufreizende Manifeste, welche sie zu verbreiten beabsichtigten, rechtzeitig unterdrückt, und Versammlungen, die erfahrungsgemäß nur den Zweck der Exaltirung der Gemüther verfolgten, entweder polizeilich überwacht, oder verboten. Das hinderte indessen die Jurassische Föderation nicht, am 7. und 8. Juli in Chaux de Fonds einen Congreß abzuhalten, auf welchem über die Errichtung einer internationalen Kasse für „die Opfer der reactionären Bourgeoisie" eingehende Berathungen gepflogen wurden, ebenso über die Nothwendigkeit der Propaganda durch die „That" (id est: Verbrechen), über die Schädlichkeit einer Organisation der revolutionären Kräfte vom anarchistischen Standpunkte aus und die Solidarität der Gruppen in Bezug auf die maßgebenden Grundsätze und die Propaganda. Ferner legten die Behörden den in der Schweiz lebenden russischen und polnischen

Emigranten die größte Zurückhaltung nahe, die sie großentheils auch beobachteten, so weit sie es nicht vorzogen, das Land gänzlich zu verlassen. Die Angehörigen beider Nationalitäten waren übrigens in Parteien gespalten, und viele von ihnen nur durch Verhältnisse gezwungen, sich zu socialistischen und anarchistischen Grundsätzen zu bekennen; gern wären sie sofort nach der Heimat aufgebrochen, wenn ihrer dort nicht Bestrafung geharrt hätte. Die Hauptthätigkeit der Letzteren beschränkte sich auf heimliche Einführung revolutionärer Schriften, von denen die „Nowop Slowo" im Juni ihr „Erscheinen bis auf Weiteres" einstellte, nach Rußland. Innerhalb des preußischen Staates war es wiederholt, u. A. in Prostken an der ostpreußischen Grenze, gelungen, große Quantitäten solcher Preßproducte, welche unter falschen Declarationen so weit gekommen, anzuhalten. Doch setzten die zwar an Zahl geringen, aber sehr eifrigen Socialisten unter den polnischen Emigranten ihre Agitationen in den Provinzen Posen und Schlesien, wie in den polnischen Landestheilen Oesterreichs, fort, zu welchem Zweck sie die Zeitung „Przedswit" daselbst verbreiteten. Ueber Propaganda-Versuche, welche vor der hier abgegrenzten Zeit stattgefunden, hat die im Sommer (1883) zu Posen beendete Untersuchung gegen den bekannten Emissär Poblewski und mehrere von diesem bereits gewonnene einheimische Genossen ausführlichen Aufschluß gebracht, der in unseren größeren Zeitungen hinreichende Berücksichtigung gefunden. Es hatte sich aber dabei gezeigt, daß die Mehrzahl der preußischen Polen wenigstens für den Socialismus noch nicht empfänglich war, was sich freilich späterhin änderte.

Die Erwartungen indeß, welche an die Thätigkeit des vom Züricher allgemeinen Arbeitertage eingesetzten Actionscomités geknüpft wurden, gingen nicht in Erfüllung, obwohl letzteres sich alle Mühe gab, eine vollständige Einigung herbeizuführen. Der schweizerische „Arbeiterbund" war bereits im Juni 1884 der Auflösung nahe und konnte nur dadurch gehalten werden, daß der „Gewerkschaftsbund" beschloß, in corpore ihm beizutreten. Da dieser aber selber mit Theilnahmlosigkeit und Unlust zu kämpfen hatte, erwuchs für beide Verbände kein sonderlicher Nutzen. Man versuchte dann das Lockmittel einer Wander=Unterstützungskasse, für alle Mitglieder eines der zum Arbeiterbunde zugelassenen Verbände mit gleichmäßiger Berechtigung. Doch auch Das übte keine große Anziehungskraft aus, die Führer fingen allmählich an den Muth zu verlieren, und der äußerst rührige Conzett kündigte seine Stellung als Redacteur der „Arbeiterstimme", um, wie er sagte, sich ganz seinen eigenen Unternehmungen zu widmen, die er bislang im Interesse der Gesammtheit vernachlässigt hätte. Er war aber doch der eigentliche Urheber der Trennung der Schweizer von den Deutschen.

Wie sich die schweizerischen Socialisten von den deutschen trennten, so nun diese von den Anarchisten. Aber die Erklärung, daß sie die Thaten der Letzteren verabscheuten, und überhaupt niemals eine Gemeinschaft zwischen ihnen bestanden hätte, erfolgte in so auffällig demonstrativer Weise, daß sie mit Recht mehr Mißtrauen als Glauben erweckte. Unter den Socialisten selber gab es fortwährende Streitigkeiten, hervorgerufen durch einzelne herrschsüchtige oder sonst unverträgliche Genossen. Und außerdem wurden sie durch die Aufmerksamkeit, welche auch ihnen die schweizerischen Behörden infolge der anarchistischen Verbrechen in hohem Grade schenkten, in der freien Entwickelung behindert. Einen von Zürich ausgegangenen Vorschlag, einen deutschen Centralverein zu gründen, lehnten am 1. Juni (1884) die Delegirten der Westschweiz in Neuenburg ab, und vierzehn Tage später auch die Delegirten der Ostschweiz. Ein bald darauf in Zürich veranstaltetes Arbeiterfest zum Benefiz des deutschen Reichstags-Wahlfonds fand bei den Deutschen sehr geringe, bei den Schweizern fast gar keine Theilnahme.

Im Verhältnis der dortigen Socialdemokraten zur alten Heimat änderte sich aber nichts. Alle betrachteten sich als Mitglieder der deutschen Socialistenpartei und bestrebten sich, deren Ziele auf jede mögliche Weise zu fördern. Um die Schweizer aus ihrer Apathie zu ziehen, boten sie auch Alles auf; unter Anderem verbreiteten sie ein Manifest, welches an ihre Eigenschaft als Republikaner appellirte: die deutsche Socialdemokratie erstrebe in erster Linie die Republik, und die Herstellung dieser politischen Staatsform liege ihr weit mehr am Herzen als der sociale Theil der Arbeiterfrage!

Die von den deutschen und österreichischen Anarchisten Stellmacher, Kammerer und Kumitzsch in der Schweiz geplanten und von dort aus zur Ausführung gebrachten Verbrechen in Straßburg Stuttgart und Wien sind in den Zeitungen so ausführlich besprochen worden und unseren Lesern jedenfalls noch so erinnerlich, daß sich jedes fernere Wort darüber hier überflüssig macht. Jene Verbrechen blieben jedoch für die zahlreichen in der Schweiz lebenden Anarchisten deutscher Zunge nicht ohne Folgen, denn die Behörden nahmen Veranlassung, sich über des Treiben dieser gemeingefährlichen Individuen genauer als vordem zu informiren, und die dabei gewonnenen Erfahrungen führten zu einer langen Reihe von gerichtlichen Untersuchungen, Bestrafungen und Ausweisungen. Diese ganz unerwartete Strenge aber bewog die Betheiligten, vorläufig jeder agitatorischen Thätigkeit zu entsagen und sich in ganz kleine Gruppen aufzulösen, damit durch etwaige neue „Thaten" möglichst wenige Personen gravirt würden. Daß sie keineswegs abgeschreckt worden und gesonnen waren, den Kampf gegen die Gesellschaft aufzugeben, dafür lieferte die Nr. 6 des „Rebell" einen

Beweis, denn er versicherte triumphirend, die durch den Verlust der oben genannten Brüder entstandenen Lücken wären nun wieder durch andere „entschlossene und muthige Männer der That ausgefüllt, welche die begonnenen Operationen mit noch besserem Erfolge fortsetzen würden." Leider keine bloße Rodomontade!

Die früher vornehmlich in der Westschweiz ihr Wesen treibenden Anarchisten französischer Herkunft zogen sich nach dem südlichen Frankreich zurück, und ihr Organ „Revolte" litt an Abnehmerschwund. Von den russischen Flüchtlingen lebte die Mehrzahl in bitterster Armuth, und vielleicht erklärte dies zum Theil ihre ausdauernde Einschmuggelung revolutionärer Schriften nach ihrer Heimat wozu neuerdings der Weg über Oesterreich gewählt ward; wenigstens wurden in Wien verschiedene mit unverdächtiger Declaration versehene Kisten, über Feldkirch eingetroffen, mit Beschlag belegt. Und ähnlich den Russen setzten in derselben Weise auch die Socialisten unter den Polen die Agitation fort. Außer dem „Przedswit" erschien seit dem ersten Mai (1884) in Genf noch ein zweites polnisches Revolutionsblatt: „Walka Klas", zu deutsch: Klassenkampf.

Unterdessen ging das frische Leben, welches in früheren, hinter dem von uns zu umschreibenden Zeitraum liegenden Jahren in der schweizerischen Arbeiterbevölkerung pulsirte, allmählich immer mehr zurück, um einer Gleichgültigkeit, insbesondere gegen die Vortheile einer einheitlichen straffen Organisation Platz zu machen, die weder das im September 1883 eingesetzte Actionscomité, noch die Mahnungen der „Arbeiterstimme", noch die von der Führerschaft der Socialdemokratie des Deutschen Reichs angeordnete agitatorische Rundreise des Abgeordneten Stolle zu heben vermochte. Das zeigte sich auch deutlich in dem kümmerlichen Wachsthum des Gewerkschaftsbundes, dem aller Reclame ungeachtet bis zum Herbst vorigen

Jahres nur 60 neue Mitglieder zutraten, und an dem während der Pfingstfeiertage 1885 in Bern abgehaltenen allgemeinen Arbeiter=Congreß.

Obgleich dieser Congreß schon im Januar angekündigt und der Zweck desselben — Hebung und Förderung der gewerkschaftlichen Organisation, sowie Stellungnahme zu verschiedenen ökonomischen Fragen der Gegenwart, durch welche eine verbesserte Lage der Arbeiter erzielt werden könne — während des ganzen Winters ausführlich in den Zeitungen besprochen worden war, klagte man doch noch kurz vor Pfingsten, daß er plötzlich und unvorbereitet komme. Der Verlauf desselben bot demgemäß auch nur wenig Interesse, denn von den anwesenden 85 Delegirten aus 93 selbstständigen Vereinen wurden bei der Berathung über Erweiterung der Haftpflicht, Unfallversicherung, gewerbliche Schiedsgerichte, Arbeitsstatistik, Verstaatlichung der Krankenkassen und Freizügigkeit der Mitglieder derselben unter Conzett's Vorsitz nur bekannte Anschauungen und Wünsche wiederholt. Die im Princip schon früher gebilligte Errichtung von Wander=Unterstützungskassen fand nur getheilten Beifall. Und bei der im Sommer darüber stattgehabten Urabstimmung ward vielerseits gerügt, daß der Beitritt zu dieser Kasse obligatorisch sein sollte; um dann nicht die ganze Sache aufzugeben, mußte man diese Bedingung fallen lassen. Infolgedessen blieb die Betheiligung eine mangelhafte und der Nutzen dieser Einrichtung weit unter aller Erwartung.

Der sehnliche Wunsch des Organs der schweizerischen Arbeiter, „die Arbeiterstimme" täglich oder wenigstens zweimal wöchentlich erscheinen zu lassen, konnte auch nicht erfüllt werden. Die schweizer Socialdemokraten halten ein selbstständiges Vorgehen in ihrem kleinen Lande, das in wirthschaftlicher Beziehung von den großen Nachbarstaaten abhängig ist, für aussichtslos, und versprechen sich nur von einer internationalen Arbeitergesetzgebung, deren Anbahnung sie deshalb vom Bundesrath des Oefteren begehrten, reelle Vortheile. Ein Versuch, welcher mit Unterstützung des Gewerkschaftsbundes und der Grütlivereine von den Schneidern, Schlossern und Tischlern in Zürich, Basel, Lausanne und St. Gallen unternommen ward, durch Strikes, Herabsetzung der Arbeitszeit und Abschaffung der Accordarbeit zu erzwingen, begegnete heftigem Widerstande der Arbeitgeber und ward auch durch behördliche Anordnungen möglichst erschwert.

In der französischen Schweiz trat in den beiden letzten Jahren ebenfalls mehr und mehr Stagnation ein. Man glaubte durch Heranziehung ausländischer Agitatoren neues Interesse erwecken zu können und lud Jules Guesde aus Paris zu einer Rundreise ein. Diese fand denn auch programmmäßig statt, hinterließ jedoch einen nachhaltigen Eindruck nicht. Eine am 23. Mai 1885 aufgetauchte Zeitung, „La voix du peuple", erwies sich inhaltlich so schaal, daß sie gar keine Antheilnahme erregte.

Ziemlich rege war dagegen das Parteileben der deutschen Socialisten in der Schweiz während der beiden letzten Jahre. Es erklärt sich das aus schon berührten Umständen. Doch die Anerkennung, welche ihr Eifer von etlichen Seiten her erwarb, verleitete sie zu einer gewissen Ueberschätzung ihres Einflusses auf die Leitung der einheimischen Bewegung. Namentlich gilt das von den Mitgliedern des sogenannten „Olymps", d. h. der Redaction des „Socialdemokrat" und deren blinden Anhängern. Diese Ueberschätzung schien anzustecken, denn auf einer Zusammenkunft in Yverdon am 7. Juni 1885 erklärten die deutschen Arbeitervereine der Westschweiz einstimmig ihre vollkommene Zufriedenheit mit ihren (doch getheilten) Erfolgen.

Russen und Polen hielten sich fast ganz von der Oeffentlichkeit fern. Ueberdies verminderte sich ihre Zahl beträchtlich, da

viele von ihnen, um der unbequemen Aufmerksamkeit der schweizerischen
Behörden zu entgehen, nach Paris und London übersiedelten. Die
Zurückbleibenden beschäftigten sich nach wie vor mit der Herstellung
und Einschmuggelung revolutionärer Schriften, für welche sie stets
neue Spebitionswege ermittelten. So z. B. gelangten mehrere
derartige Sendungen über Belgien nach Aachen und von dort nach
Thorn und Posen. Eine andere Sendung ward von einem eigens
dazu angeworbenen Emissär durch Italien expedirt. Genf blieb der
Druckort der beiden oben genannten Zeitungen.

Ganz in den Hintergrund trat die gesammte socialdemokratische
Bewegung gegenüber den Umtrieben der Anarchisten, zu denen leider
Deutsche und Oesterreicher das Hauptcontingent stellten. Als
Kammerer und Stellmacher hingerichtet, die berüchtigten Neve,
Kaufmann, Moritz Schultze und einige andere der bekanntesten
Mitglieder dieser verbrecherischen Gesellschaft ausgewiesen worden
waren, glaubte man in der Schweiz allgemein, der anarchistischen
Agitation die Spitze abgebrochen, ja vielleicht sie in gänzliche Ohn=
macht gestürzt zu haben. Die im Januar 1885 erfolgte, zuerst in
der Schweiz verabredete Ermordung des Polizeiraths Rumpff in
Frankfurt a. M. und die Bedrohung des Berner Bundespalastes
mit einem Dynamit=Attentat rüttelte dann die Vertrauensseligen
jäh auf. Nun ward flugs eine neue, über die ganze Schweiz sich
erstreckende Untersuchung eingeleitet, und dabei stellte sich heraus,
daß das Land mit einem vollständigen Netz anarchistischer Gruppen
überzogen war, welche alle, von gleichen verbrecherischen Ideen
durchdrungen, nur auf passende Gelegenheit lauerten, dieselben in
Thaten umzusetzen. Die mehrmonatliche Untersuchung ergab nun
freilich keine Beweise für die Verletzung der schweizerischen Straf=
gesetze, wohl aber konnte gegen einen großen Theil der zur Unter=
suchung Herangezogenen festgestellt werden, daß sie an den auf

Umsturz der bestehenden Ordnung durch Mord, Diebstahl und Brand=
stiftung gerichteten Umtrieben theilgenommen, daß sie diejenigen
ihrer Genossen, welche derartige Verbrechen bereits begangen, belobt
und als Vorbilder aufgestellt, sowie zur Nachahmung aufgefordert
hatten. Auf Grund dieser Ermittelungen wurden — unter lebhaftem
Proteste sämmtlicher Socialdemokraten, welche darin eine schmach=
volle Verletzung des schweizerischen Asylrechts erkennen wollten —
9 Deutsche, 11 Oesterreicher und 1 Franzose „wegen Gefährdung
der öffentlichen Sicherheit" aus der Schweiz verwiesen. Ein schätz=
bares Ergebnis der Untersuchung war auch noch das Verbot der
„Freiheit", die bis dahin in der Schweiz überall öffentlich verkauft
werden durfte, und die Verlegung des „Revolté" von Genf nach Paris,
obwohl der letztere durch ein neues Blatt, „L'Egalitaire", ersetzt ward.

 Selbstverständlich traf man mit der Ausweisung jener 21 nicht
alle Anarchisten, und kurz nach beendeter Untersuchung fand man
in Lausanne und Glarus Placate, in welchem dem verrätherischen
Bundesrath und der „gesammten Ausbeuterklasse" der Untergang
angekündigt ward. Es gelang aber rasch, die Urheber dieser
Demonstration in fünf Ausländern zu ermitteln, welche den 21
sofort wohl oder übel nachfolgten, und mit diesem war der Rest
der Organisation innerhalb der Schweiz und die Verbindung mit
dem Auslande zerstört. Die zurückgebliebenen Genossen zogen es
vor, sich ruhig zu verhalten — wenigstens bis zum Beginne des
vorigen Jahres. Denn seitdem — der Herkules, der diese Hydra
erlegt, ist noch verborgen — bildeten sich wiederum derartige Gruppen
in Basel, St. Gallen, Zürich und Genf, auch in Verbindung mit
Deutschland und Frankreich. Starke Zurückhaltung ist ihnen aller=
dings geboten, denn sie haben die ganze Bevölkerung gegen sich.
Aber Deutschland ist vor ihnen zu allerletzt sicher.

III.

Oesterreich-Ungarn.

In Oesterreich, wo ebenfalls socialpolitische Reformen in Angriff genommen worden waren, hatte sich unter den der gemäßigten Richtung angehörenden Socialisten im Gegensatz zu denen im Deutschen Reiche allmählich die Erkenntnis Bahn gebrochen, daß jene Reformbestrebungen aufrichtig und ernstlich gemeint wären, und daß es möglich sei, auf dem Wege friedlicher Entwicklung zur Erfüllung eines ansehnlichen Theils ihrer Wünsche zu gelangen. Dieser Ueberzeugung gaben sie bei verschiedenen Gelegenheiten, u. A. bei der im Mai 1883 auf Parlamentsbeschluß in Wien angestellten Enquête über die gesammten Arbeiterverhältnisse klaren Ausdruck und waren eifrig bemüht, von ihren Centralstellen Wien und Brünn aus, wo auch ihre Parteiblätter erschienen, dieselbe weiter zu verbreiten.

Sie hatten jedoch dabei einen heftigen Kampf mit den Socialrevolutionären zu bestehen, die Oesterreich schon seit Jahren als günstiges Operationsfeld für ihre verbrecherischen Agitationen betrachteten. Und da es Ersteren im Allgemeinen an hervorragenden Führern und einheitlicher Leitung fehlte, während die Revolutionäre oder Anarchisten in der Person des allbekannten Peukert einen energischen und redegewandten Leiter besaßen, so kam es, daß Letztere ihnen in verschiedenen Landestheilen den Rang abliefen und

z. B. in Kärnthen, Steiermark, Galizien, einem Theil Böhmens und in Wien selbst vollständig die Oberhand gewonnen. Zahlreiche Untersuchungen wegen Hochverraths, Bildung geheimer Gesellschaften und Verbreitung revolutionärer Schriften in Wien, Brünn, Graz, Krakau und Lemberg ließen auf die Ausdehnung schließen, welche die anarchistische Bewegung bereits im Sommer 1883 erlangt hatte; und die begleitenden Umstände, wie mehrfache Beschlagnahme von Dynamitvorräthen und Höllenmaschinen, ingleichen die Aufdeckung intimer Beziehungen zu den Umsturzparteien des Auslandes durch Emissäre und Einschleppung von Hetzschriften, welche besonders den Untersuchungen in Lemberg und Krakau und bei dem Processe Merstallinger in Wien glückte, bewiesen die außerordentliche Gemeingefährlichkeit jener Bewegung. Einen wie bedenklichen Umfang diese bereits erreicht hatte, trat vornehmlich bei den aus Anlaß der Mordthaten des Stellmacher und Kammerer in Wien, Prag, Graz, Pest und Agram geführten Untersuchungen hervor. Durch strenge Bestrafung der überwiesenen Verbrecher, Ausweisung verdächtiger Elemente und Unterdrückung der anarchistischen Presse wurde nun zwar zunächst in Wien und dann durch gleiche Maßregeln in Ungarn, wohin sich eine große Anzahl der Ausgewiesenen gewendet hatte, die Organisation und Verbindung mit dem Auslande zerstört. Die somit geschaffene Ruhe war aber nur eine äußere, auch nicht von langer Dauer. Die zahlreichen nicht entdeckten Gesinnungsgenossen stellten bald wieder die Verbindung unter sich und mit dem Auslande her, und die internationale anarchistische Presse forderte unausgesetzt zu neuen „Thaten" und zur Rache „an den Tyrannen, Henkern und Pfaffen" auf. Oesterreichische Anarchisten in Chicago gründeten nunmehr einen „Dynamitfonds zur Aufmunterung unentschlossener Freunde." Die Folgen hiervon zeigten sich bald in Ausstreuung revolutionärer Pamphlete, welche in einer geheimen Druckerei Wiens hergestellt wurden und in einigen Dynamitattentaten.

Die gemäßigten Socialisten verurtheilten in öffentlichen Versammlungen wie durch ihre Presse die Kampfweise der Anarchisten auf das Schärfste und betheuerten auf einer am 22. Mai 1884 in Brünn unter freiem Himmel abgehaltenen Versammlung feierlichst, einzig und allein mit gesetzlich zulässigen Mitteln Das erkämpfen zu wollen, was sie nach ihrer Ueberzeugung vom Staate und der Gesellschaft zu fordern berechtigt wären. Dem Versuche, nun auch einen frischeren Hauch in ihre Agitation zu bringen, zeigte sich die allgemeine feindselige Stimmung gegen die Anarchisten günstig. Aber sie glaubten, zur Belebung ihrer Agitation der Unterstützung der deutschen Socialdemokratie bedürftig zu sein, und es wurde deshalb auf Andringen ihres in der Schweiz lebenden geistigen Führers Kaller-Rheinthal am 6. Juni eine Conferenz von Delegirten der beiden Staaten in Salzburg abgehalten, um einen Plan für die Zukunft zu entwerfen. Beschlossen wurde hier, daß Kaller nach Brünn übersiedeln und die vollständige Leitung der Partei der Gemäßigten übernehmen sollte, wogegen die deutschen Delegirten Bebel, Liebknecht und Grillenberger sich verpflichteten, die österreichische Partei auf alle mögliche Weise, sowohl durch pecuniäre Beihülfe als Entsendung von Rednern, zu unterstützen.

Lebhafter ging es unter den Socialisten der polnischen Landestheile zu, und zwar in Folge der Agitation, welche von der Schweiz, wie von Rußland aus betrieben, und durch Geld- und Preßsendungen gefördert wurde.

In Ungarn hingegen wollte die socialdemokratische Bewegung nicht vorwärts kommen, vornehmlich die magyarische Bevölkerung verhielt sich antipathisch gegen sie. Es kamen auch kaum die Kosten zur Erhaltung eines Organs auf.

Behördlicherseits wollte man bald nach dem Salzburger Tage einen organischen Impuls in der Partei der Gemäßigten wahrnehmen. Allein man täuschte sich; was man gewahrte, war gleichsam nur eine galvanische Zuckung. Im December desselben Jahres (1884) erklärte die Partei in einem Aufrufe „an die Proletarier aller Länder" vor aller Welt, daß sie viel zu schwach sei, um sich selber zu helfen, man möge ihr beistehen, wenn auch blos durch pecuniäre Unterstützung ihrer Presse. Gleichzeitig erging an Liebknecht eine Einladung zu einem Vortrage im Wiener Verein „Wahrheit". Folge konnte dieser Einladung aber nicht gegeben werden, da jedes öffentliche Auftreten Liebknecht's von der Regierung verboten wurde.

Noch übler gestaltete sich die Lage der Socialisten, als ein neues Gesetz gegen die gemeingefährlichen Bestrebungen der Socialdemokratie erlassen wurde, welches die Begriffe der für strafbar erklärten Handlungen wesentlich weiter faßte und strengere Strafen festsetzte als das entsprechende deutsche Gesetz. Schon während der Berathung desselben erkannten zahlreiche Arbeitergesellschaften und Fachvereine, daß sie unter diesem Gesetze kaum zu existiren vermöchten und zogen es daher vor, sich selber aufzulösen und auch ihr Organ, die „Wahrheit", eingehen zu lassen. Wirklich wurde die socialdemokratische Bewegung immer weniger bemerkbar. Die im Sommer 1885 in Brünn stattgehabten sehr bedenklichen Arbeiterunruhen schienen theils durch Unkenntnis der gesetzlich neu fixirten Bestimmungen über den Normalarbeitstag, theils durch Hetzereien auswärtiger Agitatoren hervorgerufen zu sein.

Selbst der „Socialdemokrat", die „Arbeiterwochenchronik" und andere Blätter konnten es im nächsten Jahre (1886) nicht mehr leugnen, daß in der Partei der Gemäßigten fast völliger Stillstand eingetreten sei. Allerdings war die Unzufriedenheit mit den bestehenden Zuständen in Oesterreich nicht geringer als in anderen

Ländern; die Arbeiter zeigten sich indeß allgemeinhin indifferent, sie bedurften fortgesetzter Anregung, und an solcher fehlte es, weil jedwede Agitation durch die Behörden so viel als möglich verhindert ward. Es kam noch hinzu, daß die radicalen Socialisten die Bestrebungen der gemäßigten zu durchkreuzen suchten. Und in den Landestheilen mit gemischter Bevölkerung, wie in Böhmen und Mähren, standen nationale Fragen im Vordergrunde des Interesses.

Im Frühjahr v. J. erst bekam die Agitation neue Nahrung, nämlich durch das 1885 noch nicht zur Verabschiedung gelangte und deswegen dem Reichsrath noch einmal vorgelegte Socialistengesetz. Es wurde behauptet, dasselbe beschränke in hohem Grade die staatsrechtlichen, wirthschaftlichen und individuellen Freiheiten, es hindere die ruhige Entwicklung der socialen Frage, dränge die Arbeiter von legalem Vorgehen gewaltsam ab, erzeuge Haß und Fanatismus und sei folglich verwerflich. Es sei aber auch unnütz, denn eine so mächtige Culturbewegung lasse sich nicht durch Zwangsmaßregeln unterbrücken oder hemmen. Auf einer am 9. Mai in Wien von 3000 Arbeitern in Gegenwart verschiedener Reichsraths-Abgeordneter abgehaltenen Versammlung wurde diesen Anschauungen ganz rückhaltlos Ausdruck gegeben und resolvirt, daß man durch das Gesetz sich nicht abhalten lassen werde, für das Partei-Programm auch ferner einzustehen, in der Ueberzeugung, daß das Proletariat schließlich doch siegen werde. Die Opposition gegen jenes Gesetz bewirkte zudem, daß eine Versöhnung zwischen den gemäßigten und radicalen Socialisten in Angriff genommen und im Laufe des vorigen Jahres in mehreren Gegenden auch durchgeführt wurde.

Die Umtriebe der Anarchisten waren durch strenge Anwendung des Ausnahmegesetzes in Wien und Umgegend eine Zeit lang sehr vermindert, desto lebhafter aber gingen sie vor sich im nördlichen Böhmen, in Steiermark und Ober-Oesterreich, worauf zahlreiche in diesen Landestheilen eingeleitete Untersuchungen hindeuteten, in denen es sich um Geheimbündelei, Majestätsbeleidigungen, Hochverrath und ähnliche Verbrechen handelte. Im Februar 1885 hatte die Behörde eine geheime Druckerei in Reichenberg entdeckt, aus welcher Flugblätter, welche den „Tyrannen" den Tod schworen, in die Oeffentlichkeit geschleudert worden waren, und bald darauf spürte man Vorräthe von Dynamit und Bomben auf. Am 28. Juni fand eine geheime Versammlung von Vertrauensmännern in Leoben statt, in der eine Organisation auf föderalistischer Basis mit besonderen Sectionen für Propaganda, Chemie (Herstellung von Sprengstoffen), Finanzen (Diebstahl und Einbruch mit Raub in Klöstern und Schlössern) beschlossen wurde. Und diesem Beschlusse gemäß bildeten sich im Laufe des Herbstes (1885) in Wien und Linz geheime Gruppen. Ob aber in dieser Richtung Weiteres geschehen ist, darüber fehlen uns zur Zeit authentische Mittheilungen. In Wien versuchte man im December 1885 eine neue Geheimdruckerei in Betrieb zu setzen, ebendaselbst vertheilte man im Januar 1886 am hellen, lichten Tage auf der Straße anarchistische Schriften, und in den Bergwerken bei Dux, Aussig und Reichenberg gelang es wiederholt, große Mengen des bekannten „Stellmacherplacats" zu beschlagnahmen. Die Verbindung der Anarchisten mit ihren Genossen in London, Paris und Nordamerika, durch die ihnen die „Freiheit", der „Rebell" und andere Schriften auf den verschiedensten Wegen zugeschickt wurden, aber auch reichliche Geldmittel, blieb nach allen Wahrnehmungen und Vermuthungen eine unaufhörlich sehr rege.

Die im Frühjahr 1886 an den Tag gekommene Agitation der Bauern in Galizien gegen die dortigen Großgrundbesitzer hatte großentheils ihren Ursprung in Wühlereien der Anarchisten im Auslande.

IV.

Dänemark.

Die dänischen Socialisten waren vor dem Jahre 1883 eine numerisch noch wenig bedeutende Partei, wenig bedeutend selbst zu der Gesammtbevölkerung des kleinen Königreichs. Aber sie machten, wenn auch langsame, doch sichere Fortschritte, namentlich seitdem sie auf dem Kopenhagener Congreß intime Beziehungen zu den Leitern der Socialdemokratie angeknüpft, welche sie dauernd aufrecht zu erhalten bestrebt waren. Ueber die Frage, ob der gemäßigten oder der radicalen Richtung die Führung anzuvertrauen, entsprangen zwar Differenzen, die aber ziemlich rasch zu Gunsten der ersteren beigelegt werden konnten und dann einen merklichen Aufschwung der Gesammtpartei zur Folge hatten. Derselbe zeigte sich auch darin, daß allein das 1882 noch spärlich verbreitete Parteiblatt „Socialdemokraten" zwei Jahre später in einer Auflage von 15,000 Exemplaren erschien, mithin in Dänemark zu den gelesensten Zeitungen gehörte, und daß am 25. Juni (1884) bei den allgemeinen Wahlen 4 Socialisten, darunter 3 in Kopenhagen in den Reichstag gewählt wurden. Allerdings konnte dies nur mit Hülfe eines ad hoc mit den Liberalen und gemäßigten Conservativen geschlossenen Compromisses geschehen, war aber dessenungeachtet für jene von großem Werth, weil sie erst durch die Vertretung im Reichstage in die Reihe der politischen Parteien gelangten. In Würdigung dieser Verhältnisse erließ die Partei bald nach den Wahlen ein Manifest an die Genossen, in welchem sie die Bedeutung des Wahlsieges erläuterte und zu neuer Agitation aufforderte. Doch ermahnte sie dringend zur Ruhe, Besonnenheit und Klugheit, um die „neue verantwortungsvolle Stellung" zu behaupten und zu befestigen.

Neben der politischen Agitation ward nun ihrerseits auch die gewerkschaftliche, auf Bildung von Fachvereinen unter einer Centralleitung abzielende mit gutem Erfolge betrieben, und daneben bemächtigte sich die Agitation auch der Landarbeiter, um sogenannte Häuslervereine hervorzurufen.

Mehr und mehr bewährte sich an den Socialisten in Dänemark der alte Spruch: „Wenn Zwei sich streiten, freut sich der Dritte." Von dem erbitterten Streit zwischen der Regierung und den Conservativen auf der einen, und den Liberalen auf der andern Seite, welcher geraume Zeit das ganze Land in Spannung erhielt und mehrmals zu bedenklichen Störungen der öffentlichen Ordnung führte, hielten sich die Socialdemokraten getreu den in dem erwähnten Manifest ausgesprochenen Ermahnungen im Allgemeinen fern, und unterstützten die Liberalen nur, soweit sie dies ihrer Eigenschaft als Opposition schuldig zu sein glaubten. Um so mehr benutzten sie die allgemeine Verwirrung in ihrem Sinne und erreichten durch die Mäßigung in ihrem Vorgehen überraschende Erfolge in den Kreisen der Arbeiter, so daß sie schon 1885 im Lande mit Recht als eine mächtige politische Partei erachtet wurden. Bei der Feier der Einführung des Grundgesetzes am 5. Juni genannten Jahres traten die dänischen Socialdemokraten mit etwa 20,000 Mitgliedern und 133 Standarten auf, somit die beiden andern Parteien um ein Erhebliches überragend. Wohl ergriffen die Arbeitgeber Maßnahmen, die Ausdehnung des Netzes von gewerkschaftlichen Vereinen aufzuhalten, doch vergebens. Eine seitens der vereinigten Dampfschifffahrts-Gesellschaften an ihre zahlreichen Arbeiter gerichtete Aufforderung zum Austritt ward sofort mit einem allgemeinen, hinterher zu Ungunsten der Gesellschaften beendigten Strike beantwortet.

Von der zweiten Hälfte des Jahres 1885 ab nahm aber das Fortschreiten der dänischen Socialdemokratie ein etwas langsameres Tempo an, nachdem die Nothwendigkeit erkannt worden war, die zahlreichen gewerkschaftlichen Vereine — deren Zahl im Herbst 1886 allein in Kopenhagen 56 betrug — besser auszubauen und innerlich zu befestigen, da dieselben insgesammt sich zu wenig widerstandsfähig erwiesen. Sogar die am musterhaftesten organisirte und eine große Mitgliederzahl umfassende Gewerkschaft der Schmiede und Maschinenbauer hatte sehr bald die durch einen Strike im Frühjahr 1885 erlangten Vortheile wieder aufgeben müssen. Auf Beschluß der Arbeitgeber in diesen Industriezweigen wurden nämlich im Juli sämmtliche Mitglieder der Gewerkschaft entlassen, eine Maßregel, durch welche sie trotz reichlicher Unterstützung vom Auslande her in solche Noth gerieth, daß sie im November Wiederaufnahme unter den früheren Bedingungen erbitten mußte. Freilich kam den Arbeitgebern dabei die höchst ungünstige allgemeine Geschäftslage sehr zu statten, welche es den Arbeitern unmöglich machte, anderweite Beschäftigung zu finden.

Mit der deutschen Socialdemokratie unterhielt die dänische ununterbrochene Beziehungen, schriftlich wie persönlich. Aber, und das ist gewiß sehr bemerkenswerth, innerhalb der Zeit, welche wir hier beschritten, gelang es der Bebel-Liebknecht-Vollmar'schen Richtung nicht, sonderlichen Anhang zu erwerben; die große Mehrzahl bekannte sich zu den gemäßigteren Anschauungen des Frohme, hielt sich im Allgemeinen auch von Ausschreitungen und Freveln fern. Aengstliche Gemüther fürchteten zwar Mancherlei bei der Wiederkehr der Feier der Einführung des Grundgesetzes am 5. Juni 1886, wo die Socialdemokraten in 150 Vereinen (einschließlich der Fachvereine) mit 80,000 Mitgliedern — darunter 2000 erwachsene Personen weiblichen Geschlechts — unter Führung der beiden socialistischen Abgeordneten Holm und Hörbum aufmarschirte. Allein diese Feier verlief ohne jede Provocation.

Das Parteiorgan „Socialdemokraten" war auf 21,000 Exemplare gestiegen.

Auf Verschärfung des Programms oder des Geistes der dänischen Socialdemokratie arbeiten die Führer der deutschen unentwegt, doch ohne Ueberstürzung d. h. pfiffig.

V.
Die skandinavische Halbinsel.

Von einer socialdemokratischen Partei in Schweden und Norwegen konnte bei Beginn des Jahres 1883 noch nicht die Rede sein, obschon es nicht an Bestrebungen zur Ausbreitung solcher Lehren fehlte. Dagegen erfaßte die Neigung für die republikanische Staatsform immer weitere Kreise, besonders in Norwegen, und fand auch unter der Landbevölkerung Anklang. Auf einer Versammlung von über 3000 Bauern in der Nähe von Drontheim wurde mit dürren Worten die Beseitigung des Königthums als das zu erstrebende nationale Ziel hingestellt.

Bald erschienen vier socialdemokratische Zeitungen dort, und es machten sich Agitatoren, selbst mit Geld vom Auslande her unterstützt, sowohl in den Länen Schwedens, als auch in den Stiften Norwegens bemerkbar; allein selbst ein Jahr voller Rastlosigkeit dieser Volksverführer brachte unter den Arbeitern einen beachtenswerthen Anhang nicht zu Wege. Der Grund dafür lag anscheinend darin, daß der Bildung einer socialistischen Partei von vornherein durch gesetzgeberische Reformen, z. B. Altersversorgung, entgegengetreten ward, Reformen, die zwar von den Agitatoren verspottet wurden, indeß doch nicht ohne Eindruck auf die Bevölkerung blieben. Im August 1884 unternahmen Delegirte des Pariser Tischlergewerks eine Rundreise durch die Halbinsel, um sich über die Verhältnisse der dortigen Arbeiter zu informiren und mit ihnen Verbindungen anzuknüpfen. Doch, beschämt über die Ordnung und den relativen Wohlstand, welche sie überall gewahrten, kehrten sie heim. Im Uebrigen verstand es die Regierung, die radicale politische Bewegung Norwegens in ruhigere Bahnen zu lenken.

Hier und da fiel indessen der von den socialistischen Agitatoren ausgestreute Same auf empfänglichen Boden, wenngleich die Frucht, welche aufging, nicht nach Wunsch der Säeleute war. Die schwedischen Arbeiter, mit wenigen Ausnahmen sonstigen Lockungen widerstehend, fanden Geschmack an der Einrichtung von Fachvereinen, durch welche sie den zehnstündigen Arbeitstag, eine Pensionskasse für altersschwache und arbeitsunfähige Arbeiter, genügende Controle der Werkstätten, Steuerfreiheit der nothwendigsten Lebensbedürfnisse, allgemeines Wahlrecht für politische und communale Wahlen und directe progressive Besteuerung allmählich und lediglich auf friedlichem Wege zu erreichen hofften.

Palm, der Hauptagitator, ließ sich aber durch seine winzigen Erfolge nicht entmuthigen; seine Reden fanden immer mehr Beifall, es gelang ihm sogar mit Hülfe freiwilliger Beiträge an Stelle des früher in Malmö erscheinenden Blattes „Folksviljan" im November 1885 in Stockholm die Zeitung „Socialdemokraten" ins Leben zu rufen und die dortigen Anhänger zu einem wirklichen Vereine zu erweitern, welcher im Frühjahr 1886 ein Plan für Agitation und Errichtung socialistischer Verbindungen in den Provinzen aufstellte und Emissäre ausschickte, um sich über die geeignete Durchführung an den verschiedenen Orten zu informiren.

In Norwegen hatte man es erst im März 1885 zu einem socialistischen Vereine mit nur wenigen Mitgliedern gebracht. Neben diesem in Christiana bestanden in einigen Hauptorten noch kleine, unorganisirte socialdemokratische Gruppen. Der 1886 aus Dänemark eingewanderte Agitator Sophus Pihl hoffte jedoch erfolgreichen Einfluß auf die norwegischen Fachvereine zu gewinnen, meldete aber der deutschen Parteileitung, das Terrain für socialistische Agitation sei gerade dort außerordentlich schwierig und wenig aussichtverheißend.

VI.

Holland.

Von allen Staaten, welche vom Socialdemokratismus ergriffen worden, blieb das Königreich der Niederlande am längsten verschont. Und wenn auch im Jahre 1882 die Agitation für das allgemeine Stimmrecht fast durch das ganze Land ging, so durfte es doch kein Verschließen vor Thatsachen genannt werden, wenn die Behörden das Vorhandensein einer socialistischen Partei daselbst in Abrede stellten. Aber das änderte sich rasch, insofern in Nord-, wie Südholland und im Großherzogthum Luxemburg Agitatoren für die unmöglichste aller Regierungs- und Gesellschaftsformen auftraten, nicht ohne hier und da Uebelbekehrte zu hinterlassen. Nur bei den eingeborenen Arbeitern fanden sie keine willigen Ohren, und die große Mehrheit der sonstigen Bevölkerung betrachtete sie mit ebenso entschiedenem als verdientem Mißtrauen und bereitete ihnen allerlei Schwierigkeiten. So kam es wiederholt vor, daß sämmtliche Wirthe eines Ortes sich weigerten, Locale zu Vorträgen herzugeben, und daß die Anhänger der Socialdemokratie, wenn sie die Unklugheit begingen, sich durch äußere Zeichen kenntlich zu machen, von den Bewohnern ihres Reiseziels mit Gewalt vertrieben wurden. Der rührigste der Agitatoren war anfänglich der ehemalige Prediger Domela Nieuwenhuis. Doch erst im Sommer 1884 sammelte er im Haag, seinem Wohnsitz, so viele Socialdemokraten um sich, daß man allenfalls nunmehr von einer socialistischen Partei reden konnte. Allein seine meiste Kraft verwendete er auf die Agitation zur Erlangung des allgemeinen Stimmrechts, ein Ziel, das auch eine Petition verfolgte, welche der nichtsocialistische „Arbeiterbund" und eine mäßige Anzahl von Leuten, die sich den Namen „socialdemokratischer Bund" beigelegt, am 14. September 1884 in feierlichem Aufzuge dem Ministerium überreichten.

Um den Folgen der Abneigung zu begegnen, welche den Socialisten von der großen Masse der Bevölkerung entgegengebracht wurde, griffen sie zu dem eigenthümlichen Mittel, bekannt zu machen, daß sie auch „geheime" Mitglieder in ihren Bund aufzunehmen bereit wären. Und ebenso wurde ein angeblicher Congreß zu Haag Weihnachten letztbezeichneten Jahres mit dem Reize des tiefsten Geheimnisses umgeben; nur der einzige Beschluß drang in die Oeffentlichkeit, im ganzen Lande „Sectionen des Bundes" zu gründen. Es mußte aber auch beschlossen worden sein, so gering die socialdemokratische Partei immerhin wäre, allen üblen Begegnungen zu trotzen und sich so oft als möglich an die Oeffentlichkeit zu wagen. Denn mit einem Male machten die Socialisten sich durch provocatorisches Benehmen bemerkbar, hielten häufig Aufzüge unter Entfaltung rother Fahnen, verbreiteten aufrührerische Proclamationen, selbst unter dem Militär, beschimpften die gegen sie einschreitenden Polizeibeamten und trieben es, als ob sie in siegesgewissen Bataillonen marschirten.

Der großen Masse der Arbeiter imponirten sie gleichwohl keineswegs. Alle Beobachtungen bis zum Herbst 1885 constatirten wenigstens, daß das Gros der Arbeiter sich gegen das neue Evangelium von der allgemeinen Menschheitsbeglückung ablehnend verhielte. Aber die Arbeitslosigkeit und die damit verbundene Noth erreichten auch in Holland einen solchen Umfang, daß selbst die gutgesinnten und nüchtern denkenden Arbeiter den Einflüsterungen der gewandten Agitatoren Nieuwenhuis und Fortyn mehr und mehr Gehör schenkten: bereits am 9. März 1886 konnten die zwei genannten Hauptwühler in Amsterdam eine wahrhafte Massenversammlung abhalten, in welcher in der drohendsten Sprache die sofortige Inangriffnahme öffentlicher Bauten, die unentgeltliche Herausgabe aller Pfandstücke, Vertheilung von Lebensmitteln, Verbesserung der Arbeiterwohnungen und ein Normalarbeitstag gefordert wurde: eine Versammlung, die mit blutigen Zusammenstößen und mit Verhaftungen endete. Nieuwenhuis hatte einige Zeit darauf eine ihm wegen Majestätsbeleidigung auferlegte längere Gefängnißstrafe anzutreten. Vorher jedoch unternahm er eine Rundreise, um sich, wie er sagte, von seinen zerstreuten Anhängern zu verabschieden, und zu seiner wie der Behörden Ueberraschung begegneten ihm überall die lebhaftesten Sympathien.

Die rein anarchistische Agitation ist in Holland noch jüngeren Datums als die socialistische und wird vorzugsweise von Ausländern betrieben, wie denn auch der „Arbeiterbildungsverein" im Haag zum größten Theile aus solchen, nämlich aus Deutschen bestand. Auf welche Dinge sich die Bestrebungen in diesem Verein erstreckten, darüber gab ein Ende Mai 1885 im Haag verbreitetes aufrührerisches Placat bereits genügenden Aufschluß.

VII.

Belgien.

Die belgischen Socialisten hatten sich bis Ende 1882 durch eine merkwürdige Zerfahrenheit vor ihren Gesinnungsgenossen in andern Ländern hervorgethan. Sie kamen über die Agitation für das allgemeine Stimmrecht, welches sie für die unumgängliche Vorbedingung für alle weiteren Schritte nie hinaus, und da sie dies nicht erlangen konnten, klagten sie sich gegenseitig der Unthätigkeit und Gleichgültigkeit an und überhäuften sich mit den heftigsten Vorwürfen. Zwar lebten sie der Ueberzeugung, daß Einigkeit ihnen zunächst am meisten noththue, und warfen sehnsüchtige Blicke vornehmlich nach der deutschen Socialdemokratie, deren Verhalten sie in jeder Hinsicht als musterhaft betrachteten; sie konnten aber kein Mittel zur Herbeiführung dauernden Einverständnisses entdecken.

Was ihnen denn selbst unmöglich dünkte, das glaubten sie durch fremde Intervention erreichen zu können, und darum luden sie im Februar 1883 den Herrn von Vollmar zu einer Rundreise durch Belgien ein, der auch auf einem „internationalen Volksfest zur Verbrüderung der verschiedenen Nationalitäten" in Antwerpen erschien und später noch einige andere Städte besuchte, überall zur Einigkeit

bringend ermahnend und die Erfolge, welche die deutsche Social=
demokratie dadurch sogar unter dem Drucke des Ausnahmegesetzes
erzielt hätte, in den lockendsten Farben schildernd. Seine Ermah=
nungen blieben aber ohne die erforderliche Wirkung, und schon auf
dem am 13. und 14. Juni (1883) in Lüttich abgehaltenen Jahres=
congreß der socialistischen Arbeiterpartei, der überhaupt nur mit
vieler Mühe zu Stande kam, traten Uneinigkeit und Unschlüssigkeit
wiederum deutlich hervor. Freilich wurde, nachdem den „General=
rath" dieser Partei wegen seiner Unthätigkeit und Ungeschicklichkeit
scharfer Tadel getroffen, eine allgemeine Organisation auf Grund
eines gemeinsamen Programms im Princip beschlossen, auch zur
Stärkung dieser Vereinigung die Entrichtung monatlicher fester
Beiträge; aber die Anträge auf Bildung einer Agitationskasse und
die Herausgabe eines zur Vertretung der Parteiinteressen bestimmten
Journals erfuhren entschiedene Ablehnung, „weil voraussichtlich die
dazu nöthigen Geldmittel nicht einkommen würden."

Gleichzeitig versuchte man, sich der Fortschrittspartei zu nähern,
welche gleich ihnen für das allgemeine Stimmrecht, und Aufhebung
der dasselbe beschränkenden Verfassungsbestimmung, sowie gegen
einige neue Steuerprojecte agitirte, und arrangirte gemeinsam mit
dieser Partei am 2. Juli eine große Straßendemonstration in Brüssel.
Damit verhinderte man jedoch nicht, daß die beabsichtigte Verfassungs=
revision mit erdrückender Majorität zu Fall kam. Sonst gab der
Generalrath der belgischen socialistischen Arbeiterpartei in der nächsten
Zeit nur noch ein einziges beachtenswerthes Lebenszeichen von sich,
indem er ein Manifest in dem allen revolutionären Parteien von
jeher eigenen Lapidarstil gegen die neuen Steuern erließ, welche
nach seiner Meinung sehr leicht vermieden werden konnten, wenn
man sich bequemt hätte, „das absolut nutzlose stehende Heer, die
Apanage des Königs, und den Aufwand für den Cultus abzuschaffen."

Ganz entgegengesetzt stand es um die Anarchisten. Unbekümmert um die Anfeindungen durch die Socialisten, doch im Einverständniß und in steter Verbindung mit ihren Gesinnungsgenossen in anderen Ländern, verfolgten sie ihren Weg, bemüht, die Bevölkerung aufzuregen und zu Excessen zu treiben. Das gelang ihnen auch in mehreren Fällen, von denen hauptsächlich der Strike der Hafenarbeiter von Antwerpen, bei welchem es zu sehr ernsten Kämpfen mit dem Militär kam, und der im Sommer 1883 unternommene Versuch, das Haus eines Polizei=Commissars mit Dynamit zu sprengen, hervorzuheben ist.

Für die internationalen Bestrebungen der Anarchisten lieferte die in den Zeitungen viel besprochene Dynamitaffaire in Ganshoven einen Beweis, denn es waren dabei, abgesehen von Belgiern, zwei bereits im Herbst des verflossenen Jahres (1882) in Lyon und Monceau les Mines verurtheilte Franzosen und mehrere Russen betheiligt. Und welcher Fanatismus diese Sorte von Revolutionären beseelte, ergab sich aus den Reden, die bei dem Begräbnis eines bei Gelegenheit jenes Verbrechens getödteten Menschen, Namens Metayer, gehalten wurden, und deren Schluß bei dem einen Nach=rufe lautete: „Dein Beispiel, wackerer Mann und Held, wird uns lehren, ohne Furcht in den Kampf gegen die Gesellschaft zu gehen; an uns ist es, das Werk fortzusetzen, an welchem Du mit eben so viel Glut als Selbstlosigkeit arbeitetest."

Noch weit über ein Jahr hinaus bot die belgische Arbeiter=bewegung ein Bild der größten Zerfahrenheit dar. Es entstanden zwar sehr zahlreiche Clubs und Cirkel in allen Theilen des Landes, denen das gleiche Endziel vorschwebte, die in den Details aber erheblich von einander abwichen, ihre Zeit mit unfruchtbaren Streitigkeiten und Eifersüchteleien verbrachten und schließlich das Interesse an der Hauptsache verloren. In Folge dessen waren die Versammlungen nur sehr schwach besucht, und Gelder für die

Agitation, besonders durch die Presse, flossen äußerst spärlich. Nicht fehlte es an geistig hervorragenden und mit weiteren Gesichtspunkten begabten Führern, allein sie besaßen nicht die nothwendige Autorität, um die verschiedenen Fractionen einigen, das Ganze, so zu sagen, unter einen Hut bringen zu können. Die im Februar 1884 unter sanguinischen Hoffnungen gegründete „Arbeiterpartei" hatte bezüglich der Einigung auch nicht viel auszurichten vermocht und deshalb in dieser Richtung noch einen neuen Versuch gemacht, indem sie den Namen „Socialistischer Arbeiterbund" annahm und sich am 6. September mit den Demokraten zu einer „Fédération des ligues ouvrières et des sociétés démocratiques" verband. Das Programm dieser neuen Vereinigung war jedoch aus so vielen verschiedenen Forderungen zusammengesetzt, daß sie sehr bald wieder in ihre einzelnen Bestandtheile zerfiel.

Die alte, besonders in Antwerpen, Brüssel und Gent, wo auch der „Generalrath" seinen Sitz hatte, vertretene „Socialistische Arbeiterpartei Belgiens" zeigte noch die meiste Festigkeit und hatte in der Gründung einer großen Genossenschaftsbäckerei in Gent einen vollen Erfolg ihrer Thätigkeit aufzuweisen. Doch auch ihr mangelten die Mittel zu wirksamer Agitation, und ihre beiden Organe „Werker" und „La voix de l'ouvrier" konnten aus gleichem Grunde gewöhnlich nur in längeren Pausen erscheinen. Letzteres mißfiel allerdings durch seine „zahme Schreibweise", wollte es indeß seine Existenz nicht ganz einbüßen, so mußte es die nichtsocialistischen Leser berücksichtigen.

Auf dem Jahrescongreß, welchen die Partei am 14. April (1884) in Brüssel abhielt, wurde die Lage der Dinge mit Bedauern constatirt und vergebens nach Mitteln zur Abhülfe gesucht. Um das Interesse wieder zu heben, kam man überein, für das nächste Jahr einen internationalen Congreß nach Antwerpen einzuberufen, der sich vornehmlich mit einer von der Schweiz aus angeregten internationalen Arbeitergesetzgebung beschäftigen sollte, aber wegen der ablehnenden Haltung der anderen Nationalitäten nicht einberufen werden konnte. Als Ersatz dafür stattete im Juni 1885 eine Delegation der französischen socialistischen Arbeiterpartei einen Besuch in Brüssel und Antwerpen ab, welche Gelegenheit die Brüsseler Anarchisten wahrnahmen, ihre Sympathien für alles einigermaßen Moderirte zu beweisen, indem sie die Delegirten körperlich mißhandelten, ja todtgeschlagen hätten, wäre nicht die Polizeibehörde eingeschritten.

Außerordentliche Erregung ergriff ganz Belgien durch die 1884er Wahlen. Es handelte sich dabei bekanntermaßen um einen Kampf zwischen den Liberalen, Conservativen und Klerikalen, dessen Preis das in den Augen der Ersteren der Volksbildung überaus schädliche Schulgesetz war. Auf allen Seiten wurden die größten Anstrengungen gemacht, und auch die Socialisten betheiligten sich an der Agitation sehr lebhaft auf Seiten der Liberalen, hoffend, mit deren Hülfe einige Sitze in der Kammer zu erobern. Als dessenungeachtet die Klerikalen (mit geringer Majorität) siegten, der König das Schulgesetz sanctionirte, und das neue Ministerium dasselbe unverzüglich zur Ausführung brachte, bemächtigte sich der Liberalen die tiefste Erbitterung, welche noch durch den demonstrativen Siegesjubel der Klerikalen verstärkt wurde. Und so kam es in verschiedenen Theilen des Landes zu sehr bedenklichen Ruhestörungen, Beschimpfungen des Königs und Kundgebungen seitens der in Brüssel neugebildeten „republikanischen Liga", die selbstverständlich wieder zahlreiche Verhaftungen und Untersuchungen im Gefolge hatten. Letztere brachten zu allgemeiner Ueberraschung zu Tage, wie groß die Zahl der republikanisch Gesinnten in Belgien sei. Die Liberalen beruhigten sich wieder, als sie bei den im October stattgefundenen Communalwahlen die Majorität erlangten. Bei allen Demonstrationen hatten sich auch die Socialisten stark betheiligt, aber ausdrücklich nicht officiell, weil sie bei den Wahlen von den Liberalen im Stich gelassen worden waren und nunmehr beide Parteien als ihre Gegner betrachteten. Gelegentlich der Communalwahlen suchten die Liberalen aber eine Annäherung an die Socialisten und erreichten sie theilweise auch.

Uebrigens trat unter den belgischen Arbeitern mehr und mehr das Bestreben hervor, gewerkschaftliche Vereine ohne ausgesprochene socialistische Tendenzen zu gründen. Die Socialisten nahmen davon Act, enthielten sich aber jedweder Einwirkung auf dieselben, in der Gewißheit, daß diese Gewerkschaften auch ohne ihr Zuthun, gleich wie in Deutschland, allmählich zu ihnen übergehen würden.

Es wäre irrig, zu glauben, das Auseinanderfallen der „Fédération des ligues ouvrières" 2c. hätte die Arbeiter auch nur vorübergehend gleichgültig gelassen; sie suchten im Gegentheil fortwährend nach anderweitiger Organisation, welche die verschiedenen Sonderinteressen gemeinsamen Bestrebungen unterzuordnen vermöchte. Dies brachte unter den Arbeitern immer lebhaftere Bewegung hervor, eine Bewegung, wie sie lediglich in einem Lande von vorwiegend industriellem Charakter, dichtester Bevölkerung und unter einer Verfassung möglich war, welche auf dem Gebiete der Presse, des Vereins- und Versammlungsrechts zeither fast unbeschränkte Freiheit gewährte. Kam hinzu, daß die Industrie in Belgien ebenso wie in anderen Ländern schon seit längerer Zeit mit immer erheblicheren Schwierigkeiten zu kämpfen hatte, welche in Form von häufigen und starken Schwankungen in den Arbeitsbedingungen und Lohnverhältnissen auch dem Arbeiter schwer fühlbar wurden, dort um so schwerer, wo das in jeder Hinsicht verwerfliche Truck-System — Löhnung in Anweisungen auf Waaren — gehandhabt wurde und ihn doppelt unzufrieden mit seiner Lage machen mußte. Da außerdem eine ähnliche Fürsorge, wie sie z. B. in Deutschland durch die neuere Gesetzgebung theils schon bethätigt ist, theils in noch weit höherem Maße bevorsteht, zumal wenn unsere Reichs=leitung von einem Parlament unterstützt wird, dem das gemeinsame Wohl der Nation höher steht als das Gedeihen egoistischer Partei=Interessen — wir sagen, so war es erklärlich, daß die belgischen Arbeiter immer eifriger nach einer umfassenden Organisation strebten, und daß andererseits socialdemokratische und anarchistische Lehren bei ihnen steigend willigere Aufnahme fanden.

Ein sehr günstiges Operationsfeld für derartige Agitation boten zahllose Vereine, wie denn die belgischen Arbeiter immer besondere Neigung zu Vereinsbildungen an den Tag legten, obgleich nicht im Sinne der Stetigkeit. Es bestanden im Jahre 1885 nicht blos eine Menge rein politischer Clubs, Gesellschaften zur Unter=haltung aller Art, „cercles d'études" und dergleichen, sondern neben einigen obschon lockeren gewerkschaftlichen Verbindungen auch die mannichfaltigsten wirthschaftlichen Vereinigungen, wie „Trades unions", Consumvereine, Corporationen zur Errichtung und Ausnutzung von Bäckereien, Apotheken, Kleidermagazinen, Wirthshäusern u. s. f.

Aus diesen Vereinigungen entsprang dann endlich der Entschluß, auf den 5. und 6. April (1885) einen internationalen Arbeitercongreß in Brüssel anzuberaumen, um dort eine zweckgemäßere Schöpfung hervorzurufen, als die Fédération de ligues ouvrières gewesen war.

Aber wie fuhren hier wiederum die Wünsche und Anschauungen auseinander! Nicht einmal über ein allgemeines Programm ver=mochte man sich zu einigen, sondern es mußte zum Entwurfe eines solchen noch eine besondere Commission eingesetzt und ein neuer Congreß auf den 15. und 16. August nach Antwerpen einberufen werden. Einigkeit zeigte sich bisher nur, wenn es sich um öffentliche Demonstrationen handelte, die von Zeit zu Zeit unter der Firma der „Arbeitslosen" veranstaltet wurden und niemals ohne bedenkliche Aus=schreitungen abliefen, wie sie namentlich bei einem am 22. April arran=

girten Umzuge durch die Straßen Brüssels zu verzeichnen waren. Außerdem documentirte sich die Unzufriedenheit der Arbeiter mit den herrschenden Zuständen durch zahlreiche und umfassende Strikes in den Kohlenbezirken, wie durch gelegentliche Dynamit-Attentate.

Die Augusttage von Antwerpen aber führten zu einer „Belgischen Arbeiterpartei", mit einheitlichem Statut und Programm, unter der Centralleitung eines in Brüssel installirten „Generalraths". Ihr traten 120 Vereine mit etwa 100 000 Mitgliedern bei. Um den Einzelbestrebungen den nöthigen Spielraum zu gönnen, wurde das Programm auf sehr breiter Grundlage errichtet. Es forderte auf politischem Gebiete: Allgemeines Stimmrecht, directe Gesetzgebung durch das Volk, freien confessionslosen Unterricht, Beseitigung des stehenden Heeres, Aufhebung des Cultusbudgets und Trennung der Kirche vom Staate; auf wirthschaftlichem: Normal-Arbeitstag und Normallohn, Regelung der Frauen- und Kinderarbeit, Einsetzung von Gewerbe-Inspectoren, Haftpflicht der Unternehmer, Arbeiterkammern mit Schiedsgerichten, Aufhebung aller Steuern auf Lebensmittel und deren Ersatz durch progressive Einkommensteuer, Collectiv-Eigenthum und Anbahnung einer internationalen Arbeitergesetzgebung. Dies auf einem Congreß in Gent am 25. und 26. April 1886 von 500 Delegirten in Gegenwart englischer und holländischer Gäste nochmals revidirte und bestätigte Programm sollte, wenn möglich, auf friedlichem Wege durchgesetzt werden, und zwar mit Hülfe des allgemeinen Wahlrechts, für dessen Erlangung schon seit Jahren mit Wort und Schrift agitirt ward, nunmehr jedoch um so eifriger. Ein eigenes Blatt: „En avant pour le suffrage universel" entstand zur Förderung dieser Bestrebungen. Und um das Land von dem Ernst derselben zu überzeugen, sollte zu Pfingsten eine großartige Demonstration sämmtlicher Mitglieder der Partei in Brüssel veranstaltet werden. Mit Rücksicht auf die damals in Lüttich ausgebrochenen Unruhen wurde sie aber verboten, und kleineren Kundgebungen, die an deren Stelle treten sollten, widerfuhr das gleiche Schicksal. Auf dem Arbeitercongreß, der am Pfingstfest in Brüssel stattfand, beschloß man gleichwohl, am Tage des Nationalfestes, am 15. August, im allergroßartigsten Maßstabe zu demonstriren und ein etwaiges erneutes Verbot mit einem allgemeinen Strike zu beantworten.

Gewiß warf dieser Beschluß ein eigenthümliches Licht auf die vorgebliche Friedensliebe der belgischen Arbeiterpartei, mit welcher auch weder die Haltung ihrer Presse, noch die ihrer Centralleitung übereinstimmte. Die Presse bediente sich einer durchaus revolutionären Sprache, und in einem Manifest der Centralleitung vom 31. März hieß es: „Brüder, die Stunde hat geschlagen, den uns Regierenden zu zeigen, daß wir müde sind, nur als Schlachtvieh und Kanonenfutter behandelt zu werden." Auf dem Genter Congreß vom 25. April (1886) tadelte bloß ein einziger Redner die (sogleich noch zu besprechenden) Unruhen in Lüttich und anderwärts, während alle anderen deutlich durchblicken ließen, daß sie dieselben lediglich darum für verwerflich hielten, weil sie ohne genügende Vorbereitung und deshalb ohne Bürgschaft für den Erfolg in Scene gesetzt worden wären. Und in ähnlichem Sinne sprach sich das Manifest aus, welches der Generalrath zur Einleitung der projectirten Demonstration am 15. August erließ.

Die belgischen Socialisten kennzeichneten sich mithin als Revolutionäre, von den Anarchisten nur dadurch unterschieden, daß sie die Anwendung von Gewalt nicht als Zweck, sondern als Mittel zum Zweck betrachteten und betrachten werden, bis sie oder die Regierung überwunden sind!

Die Anarchisten — seit dem verflossenen Jahre (1885) durch ein neues Blatt, „l'Insurgé", vertreten, das aber bald ein anderes mit dem frechen Titel: „Ni Dieu ni Maître" ersetzte — hatten von jeher ihr Hauptaugenmerk auf die wallonischen Landestheile mit ihrer rohen, ungebildeten, jederzeit zu Excessen geneigten und besonders in den Bergwerksdistricten sehr armen Bevölkerung gerichtet und von ihren Hauptquartieren (Brüssel, Lüttich und Verviers) aus ihre verabscheuungswürdigen Lehren verbreitet. Mangel an Geld hemmte indeß ihre Thätigkeit sehr häufig, und der Erfolg konnte also ihren Wünschen nicht entsprechen. Sie knüpften deshalb Verbindungen mit ihren Gesinnungsgenossen in Frankreich und England an, erbaten und erhielten von dort Geld und Brandschriften zugeschickt und konnten nunmehr die Agitation in so wirksamer Weise betreiben, daß es am 18. März (1886) nur eines geringen Anstoßes bedurfte, um Lüttich und die westlich daran gelegenen Minendistricte von Charleroi, Mons, Borinage u. a. in Aufruhr zu versetzen. Ursprünglich war Verviers als Ausgangspunkt bestimmt; man fand jedoch, daß die dortige schwächliche Weberbevölkerung sich dazu nicht eigne, und entschied sich also dafür, mit den kräftigeren Eisenarbeitern in Lüttich einen Versuch zu machen. Am 18. März ward dort ein Manifest verbreitet, welches die Ausbeutung des Volks durch die Arbeitgeber in den schwärzesten Farben schilderte und aufforderte, endlich das Joch abzuschütteln. Gleichzeitig ward eine öffentliche Anarchisten-Versammlung anberaumt. Theils aus Neugier, theils um zu demonstriren, lief eine große Anzahl Arbeitsloser auf den Straßen zusammen. An deren Spitze stellte sich einer der anarchistischen Agitatoren mit einer rothen Fahne, führte die Menge durch die Straßen, machte sie auf den kostbaren Inhalt der Läden aufmerksam, forderte sie dabei auf, zu nehmen, was ihnen fehle, und schalt Diejenigen, die ihm nicht folgen würden, Feiglinge. Dies war das Signal zur Zerstörung und Plünderung einer Anzahl Läden und zu einem allgemeinen Strike, der sich von Lüttich und Umgegend sehr schnell weiter verbreitete und in Folge fortgesetzter Aufreizungen durch einheimische und inzwischen aus Frankreich herbeigeeilte Agitatoren in den aus der Tagespresse genügend bekannten Aufstand ausartete, in dessen Verlauf zahlreiche Menschenleben und Millionen an Habe und Gut in blinder Wuth vernichtet worden sind, und der erst nach wochenlangem Kampfe mit Aufbietung aller verfügbaren Machtmittel unterdrückt werden konnte.

Daß Ruhe und Ordnung aber nur äußerlich und auf kurze Zeit wiederhergestellt wurde, ist unseren Lesern aus den Zeitungen ebenfalls bekannt. Wir verzichten hier jedoch aus dem Grunde auf eine Darstellung der weiteren Vorgänge, als uns zu derselben authentisches Material noch nicht im hinreichenden inneren Zusammenhange vorliegt und eine bloße Zusammenstellung von Zeitungs-Nachrichten unserer Absicht nicht entspricht.

Fest steht inzwischen leider Das, daß der Socialismus in Belgien am Ende des Jahres 1886 sich stärker erwiesen hatte als die Regierung, und daß nicht abzusehen ist, wie sie desselben in Zukunft Herr werden will, wenn sie auf dem unlängst betretenen Wege der gesetzlich gesicherten Fürsorge für die Arbeiter und der Beseitigung durch die Verfassung gedeckter socialer Ungerechtigkeiten nicht mit Ernst und Nachdruck fortfährt.

Die in Belgien sich aufhaltenden deutschen Revolutionäre vermochten auf die dortigen Bewegungen schlechterdings keinen Einfluß auszuüben, obschon aus ihrer Mitte selber renommistisch das Gegentheil behauptet ward. Gerade die Deutschen beobachteten die belgischen Behörden mit Argusaugen. Ihre Anwesenheit war und ist aber für Deutschland von Bedeutung, weil sie bei der Einschmuggelung verbotener Schriften bereitwilligst Hülfe leisteten und Emissären, welche von Belgien aus gegen Deutschland operiren, mit Rath und That fortwährend zur Seite stehen.

VIII.
Frankreich.

In Frankreich gestalteten sich die Verhältnisse in den letzten Jahren derart, daß sie die schärfste Beobachtung erheischten, nicht allein wegen der stetigen Ausbreitung der socialistischen und revolutionären Bewegung, sondern auch wegen der sie begleitenden Gewaltthätigkeiten. Denn obschon letztere bisher stets durch rechtzeitiges Einschreiten, zahlreiche Verhaftungen und ungemein prompte Justizpflege unterdrückt wurden, so wirkten sie doch in hohem Grade auf die gesammte Bevölkerung aufregend und waren ganz geeignet, dieselbe an ein ungesetzliches Verhalten zu gewöhnen. Auch durfte die Anregung, welche sie dem Nachahmungstriebe in den Nachbarstaaten gaben, keineswegs unterschätzt werden.

Die Lage der arbeitenden Klassen war auch in Frankreich nicht zufriedenstellend, bot vielmehr zu vielseitigen Klagen über Mangel an Arbeit, schlechten Lohn und erdrückende Concurrenz des Auslandes Veranlassung, die indeß ebenso wie in anderen Ländern die Regierung längst angelegentlichst beschäftigten und bewogen, nicht nur der augenblicklichen Noth möglichst abzuhelfen, sondern ebenso auf dauernde Besserung durch Gesetzesvorlagen Bedacht zu nehmen. Die in Aussicht genommenen Maßregeln erschienen aber den Interessenten theils unzureichend, theils währte ihnen die Berathung darüber zu lange, und die dadurch erzeugte Unzufriedenheit benutzten die Blanquisten und vor Allem die Anarchisten, als Feinde jeder Autorität und jedes gesetzlichen Zustandes, auf die Unhaltbarkeit der bestehenden Ordnung und die Nothwendigkeit, dieselben so schnell als möglich von Grund aus zu beseitigen, durch Wort und Schrift immer von Neuem hinzuweisen. Bei dem lebhaften Temperament des französischen Volkes aber fielen dergleichen Lehren nur zu oft auf fruchtbaren Boden. Die Anhänger der beiden Parteien, welche sich ganz Frankreich, vorzugsweise den Süden und die großen Fabrikstädte zum Operationsfelde ausersehen, ließen sich selbst durch strenge Strafen nicht einschüchtern, hießen diese vielmehr als Propagandamittel willkommen. Zunächst benutzten sie die Verurtheilung der Excedenten zu Lyon, um in Versammlungen und Manifesten die Ungerechtigkeit des Urtheilsspruches nachzuweisen, und erreichten dadurch, daß unzählige Proteste gegen denselben, verbunden mit Todesandrohungen gegen die Richter und Geschworenen, in allen Theilen des Landes abgefaßt wurden. Als im Winter von 1882 zu 1883 in Paris in einigen Industriezweigen empfindlicher Mangel an Arbeit sich einstellte, forderten sie die Arbeitslosen zu Straßendemonstrationen auf und widerlegten die seitens der Führer der „Alliance socialiste" und des Nationalcomités der „socialrevolutionären Arbeiterpartei" dagegen erhobenen ernsten Bedenken mit dem Bemerken: um Gesetze, welche die Arbeiter verhungern ließen, brauche sich kein Mensch zu kümmern, wenn man schon sterben solle, so wäre es besser im Straßenkampf, als vor Hunger angesichts der schwelgenden Bourgeoisie zusammenzubrechen. Die Demonstrationen fanden denn auch unter Theilnahme von etwa 5—6000 Menschen am 9. und 11. März (1883) statt und arteten in Plünderung von Bäckerläden, Ausstreuung von Explosivstoffen und andere Gewaltthätigkeiten aus, welche selbstverständlich wiederum eine Menge von Verhaftungen zur Folge hatten.

Die bald darauf erfolgte Ergreifung der Megäre Louise Michel, welche bei der Demonstration am 9. März eine schwarze Fahne enthüllt und zur Plünderung aufgefordert hatte, und einiger im Besitze von Explosivstoffen betroffenen Genossen gab wiederum erwünschte Gelegenheit zu den leidenschaftlichsten Protesten und Drohungen, und diese Umtriebe wurden Monate lang fortgesetzt. Noch bei dem Nationalfest am 14. Juli kam es in Roubaix und einigen anderen Orten zu blutigen Kämpfen mit den Aufsichtsbeamten.

Unter solchen Umständen wurde die gemäßigte „Alliance socialiste" allmählich ganz in den Hintergrund gedrängt und hatte bis zur Mitte des Jahres kaum noch über eine nennenswerthe Zahl von Anhängern zu verfügen.

Doch auch die große Arbeiterverbindung unter dem Namen „parti ouvrier socialiste révolutionaire" mußte sich bei ihrer ohnehin losen Organisation gegen den zerrüttenden Einfluß der Anarchisten mit Einsetzung aller Kräfte wehren. Außerdem hatte die ein Jahr vorher eingetretene Spaltung einige Gruppen jener Partei zu dem Radicalismus Guesde's getrieben, und bald nachher wurden diese sogar verleitet, sich mit der Louise Michel solidarisch verbunden zu erklären, welche ihren Anhängern Propaganda mit allen Mitteln, insbesondere durch Aufstände, Bombenwürfe oder Schüsse „à la Fournier" und Aehnliches zur Pflicht machte. Schließlich schadete aber dieser Partei, daß sie zu viele verschiedenartige Dinge in ihr Programm aufnahm und dadurch ihre Kräfte zersplitterte. Diese Mängel waren den Führern wohl bekannt, und insbesondere der Agitator Joffrin ermahnte dringend zur Annahme einer strafferen Organisation, ohne indeß etwas Anderes zu erreichen, als das Anerkenntnis, daß eine Aenderung allerdings sehr wünschenswerth sei.

Der Kern der französischen Socialisten bildete die „union fédéraliste", den größten Theil der in ihren Ansprüchen noch einigermaßen bescheidenen und friedlichen Entwickelung zugethanen Arbeiter in sich vereinigend. Von der wachsenden Vielseitigkeit ihrer Bestrebungen aber gab der vom 13.—21. Mai (1883) abgehaltene Congreß der Region des Centrums in Paris ein deutliches Bild. Es wurde hier verhandelt: über die Organisation der öffentlichen Gewalten im Staate und in der Gemeinde; Errichtung von Arbeiterwohnungen auf Staatskosten und deren Vermiethung zum Selbstbeschaffungspreise; Besteuerung unvermietheter Privatwohnungen; Feststellung eines Normalarbeitstags und Minimallohnes; über Syndicatskammern und Vereinsrecht; internationale Vereinbarungen bezüglich der Productions-Verhältnisse; Einwanderung fremder Arbeiter und die dadurch entstehende Concurrenz; über die Eröffnung neuer Absatzgebiete; Reorganisation des Consulatwesens und der Handelsverträge; Nationalisirung des Grund und Bodens und der Arbeitsinstrumente; Errichtung von Productiv-Genossenschaften; Arbeiter-Unfallversicherung und noch Anderes. Dabei kam eine zahllose Menge von Ansichten über diese Dinge zu Tage, die auf einem für Herbst angesetzten Nationalcongreß geprüft und gesichtet werden sollten, welcher sich jedoch zerschlug.

Inzwischen war aus einer anderen Partei, der „ligue révolutionaire internationale", ein Club unter dem Namen „cercle international" hervorgegangen, der sich durch Intelligenz und Rührigkeit sehr bald zu einer gewissen Bedeutung emporschwang und die Liga, aus welcher er entstanden, in den Hintergrund drängte. Dieser Club betrieb aber lediglich die Anbahnung enger Beziehungen zwischen den Socialisten der verschiedenen Länder, welche früher von allen Seiten gewünscht, nachmals hingegen bei den französischen Arbeitern wegen der Concurrenz, welche ihnen durch fremde, vornehmlich deutsche Arbeiter erwuchs, auf Widerstand stieß. Zur Erreichung seines Zweckes hatte der in fünf Sectionen, nämlich eine französische, deutsche, russische, österreichische und englische eingetheilte Club Correspondenten in den verschiedenen Ländern ernannt — für Deutschland von Vollmar —, ein Manifest an die Socialisten aller Welt erlassen, in welchem ausgeführt ward, daß, weil die Regierungen sich zur Unterbrückung der Socialisten verbunden hätten, diese sich ebenso gegen die Regierungen verbinden müßten, und agitirte, nachdem eine von ihm beabsichtigte internationale Märzfeier wegen der Maßnahmen der Regierung nach den Demonstrationen vom 9. und 11. März hatte aufgegeben werden müssen, lebhaft für die Abhaltung eines internationalen Congresses in einem der letzten Monate des Jahres. Er kam aber nicht zu Stande.

Die Blanquisten, obgleich sie eine Partei für sich bildeten, wühlten unterdessen nach wie vor gegen alle gemäßigten Bestrebungen, betheiligten sich an allen Schritten der Anarchisten, schürten ebenso wie diese, den Haß gegen die besitzenden Klassen und die bestehenden politischen und socialen Einrichtungen und unterschieden sich nur dadurch von den Anarchisten, daß sie mit mehr Ueberlegung und großer Vorsicht zu Werke gingen. Sie repräsentirten — der Vergleich ist in der That weniger unpassend als er scheinen dürfte — die Diplomaten der Gesetzlosigkeit.

Unter den in Frankreich sich aufhaltenden deutschen Socialisten hatten sich die früher relativ zahlreichen Mostianer sehr vermindert; die Meisten suchten sich den französischen Socialisten so viel als möglich zu nähern und hatten zu diesem Behufe am 18. März (1883) eine Adresse an die französischen Arbeiterparteien gerichtet, worin sie die Solidarität der beiderseitigen Interessen betonten. Der Entwickelung der Bewegung in der Heimat folgten sie mit größter Aufmerksamkeit, brachten derselben auch mancherlei Geldopfer.

Das Jahr 1884 brachte keine Besserung der allgemeinen Geschäftslage. Die in verschiedenen Industrie- und Gewerbszweigen ganz besonders im Norden, in Paris, und im Süden des Landes durch Ueberproduction und noch mehr durch gestiegene Concurrenz des Auslandes hervorgerufene Stockung ward in keiner Weise gehoben, und in Folge dessen fanden zahlreiche Arbeiter theils gar keine, theils blos ungenügende Beschäftigung.

Diese Nothlage, obwohl nur einen Theil des Landes erfassend, genügte immerhin, um den Agitatoren der revolutionären Parteien als Beweis für die Unhaltbarkeit der heutigen Ordnung überhaupt und die Nothwendigkeit einer Aenderung derselben zu dienen. Doch über den Umfang der Aenderung wie über die Mittel dazu gingen die Meinungen wie gewöhnlich weit auseinander.

Das zeigte sich deutlich bei den Arbeiten der parlamentarischen Commission, welche auf Anregung der in nahen Beziehungen zu der parlamentarischen Linken stehenden „Alliance socialiste" zur Untersuchung der Arbeiterfrage eingesetzt worden. Diese hatte ihre Mitglieder in sämmtliche Provinzen geschickt, um die Klagen und Wünsche der Arbeiter entgegen zu nehmen, war aber dabei auf so viele sich widersprechende und ganz unsinnige Forderungen gestoßen, daß sie nicht daran denken konnte, ihr Werk zum Abschluß zu bringen. Wiederholt stellte man den Versuch an, wenigstens in den Hauptsachen eine Einigung der Parteien herbeizuführen, und fanden zu dem Zwecke im Juni längere Conferenzen von Delegirten statt. Bei denselben offenbarte sich jedoch die Unmöglichkeit einer Vereinbarung, und das einzige positive Ergebniß der Besprechungen spitzte sich in dem Beschlusse zu, sich wenigstens nicht mehr gegenseitig zu bekämpfen. Allein auch dieser Beschluß konnte nur eine Weile in Kraft gehalten werden, da die Leitung der verschiedenen Fractionen der französischen Socialisten fast ausschließlich in die Hände von Journalisten gerieth, die dabei mehr persönliche als sachliche Interessen verfolgten. Denn die Agitation gewährte ihnen nicht allein den nöthigen Lebensunterhalt, in dem sie in den Redactionen der Parteiblätter Beschäftigung fanden und gegen Bezahlung als Redner in Versammlungen auftraten, sondern eröffnete ihnen zugleich Aussicht auf Befriedigung ihrer Ehrsucht durch Erlangung eines Gemeinderaths= oder gar Parlamentssitzes. Die Socialrevolutionäre Joffrin und Vaillent sind lebende Beispiele hiefür. Um nun bei der starken Mitbewerbung einen Anhang sich zu verschaffen und zu erhalten, der zahlreich und kräftig genug, ihre Existenz zu sichern, mußte womöglich jeder Einzelne dieser Literaten ein eigenes politisches und wirthschaftliches Programm aufstellen, dies mit Hartnäckigkeit vertheidigen, unter allen Umständen aber von sich reden machen und in der Heftigkeit der Angriffe gegen Staat, Gesellschaft und Kirche seine Concurrenten zu überbieten suchen. Daher kam es zunächst, daß die unter den französischen Arbeitern unternommenen Organisationen sich feindselig gegenüberstanden und trotz aller Mühe so geringe intensive Fortschritte machten, daß sie sogar, um ihre Schwäche vor der Oeffentlichkeit zu verbergen, längere Zeit ihre regelmäßigen Congresse auszusetzen gezwungen waren.

Neid und Eifersucht der Führer trieben auch immer breitere Spaltungen in die anfänglich mit den größten Hoffnungen gegründete „union fédéraliste," auch „fédération des travailleurs socialistes" benannt. Von den 1884 noch bestehenden drei Fractionen derselben war die jüngste unter Malon kaum des Erwähnens werth. Die älteste unter Brousse suchte sich an die englischen „trades unions" anzulehnen und führte auf dem Nationalcongreß in Rennes am 12.—15. October, in Anwesenheit von nur 18 Delegirten, außerordentlich friedliche Verhandlungen über den Normalarbeitstag, Arbeiterschiedsgerichte, über die industrielle, commercielle und landwirthschaftliche Krisis und das neue Gesetz über die Syndicats-Kammern, Verhandlungen, die ohne alles Interesse blieben und kaum erkennen ließen, daß man hier dieselbe Partei tagen sah, die ein halbes Jahr vorher auf dem Regionalcongresse des Centrums in Paris eine Fülle der radicalsten Forderungen aufgestellt und verfochten hatte.

Die Wärme in dem Verhältnis dieser Fraction zu den deutschen Socialisten war einer empfindlichen Abkühlung gewichen, wie denn überhaupt in den Kreisen der französischen Industrie-Arbeiter eine ganz unverhüllte Abneigung, ja Feindseligkeit gegen die Deutschen leichtlich constatirt werden konnte, deren Concurrenz die Schuld an dem schlechten Geschäftsgange hauptsächlich beigemessen ward. Von der Beseitigung des Frankfurter Friedensvertrages versprach man sich allein Besserung, und der oben erwähnte Regionalcongreß des Centrums verlangte diese Beseitigung um jeden Preis.

Fast die einzige Ausnahme hierin machte die dritte Fraction der union fédéraliste unter Guesde. Diese unterhielt freundschaftliche Beziehungen zu den Deutschen und nahm von diesen auf ihrem Jahrescongresse in Roubaix am 6. April (1884) in einer Adresse die Versicherung entgegen, daß die deutschen Vendômesäulen auch bald gestürzt werden würden. Guesde selbst stand in persönlichem Verkehr mit Liebknecht und Bernstein. Ueberhaupt liebte es diese Fraction, sich einen internationalen Anstrich zu geben, agitirte eifrig für Abhaltung eines internationalen Congresses in London und suchte alle in Paris lebenden ausländischen Revolutionäre an sich zu ziehen.

Trotz aller Zwistigkeiten innerhalb und zwischen den einzelnen Parteien ließ sich doch das stetige äußere Anwachsen der socialistischen und revolutionären Bewegung und gleichzeitig die Abnahme des Sinnes für öffentliche Zucht und Anstand unter den französischen Industriearbeitern nicht verkennen. Für letztere sprach namentlich die Bereitwilligkeit, bei jeder Gelegenheit den Aufreizungen der Anarchisten Gehör zu geben und sich an den von diesen inscenirten Demonstrationen zu betheiligen. Besonders in Lyon und einigen andern Städten des Südens war die Lage dadurch wiederholt eine ganz bedrohliche geworden.

Der von uns schon erwähnte „cercle international" hatte sich im Laufe des Sommers auf breitester Basis neu constituirt und diese Thatsache in einem Manifest vom 4. September kund gethan. Hierin hieß es: Die Beziehungen zwischen den einzelnen Völkern seien so zahlreich, daß sie sich nicht mehr in ihre Grenzen einschließen könnten. Die Industrie wäre international, überall dieselben Wirkungen äußernd, weshalb auch der Kampf gegen diese Wirkungen international sein müsse. Er, der cercle, wolle den Kampf durch Vermittelung des Verkehrs zwischen den Socialisten aller Länder fördern, regelmäßige Correspondenzen einrichten und allen nach Paris kommenden Gesinnungsgenossen freundliche Aufnahme selber gewähren oder anderweitig verschaffen.

Die deutschen Socialdemokraten in Paris machten sich während des ganzen Jahres 1884 nach außenhin nicht anders als durch Geldsammlungen für die deutschen Reichstagswahlen bemerkbar. Aus diesem Grunde vornehmlich ward ihnen, wie ihren Gesinnungsgenossen in anderen Ländern außerhalb Deutschlands, seitens der Parteileitung große Aufmerksamkeit geschenkt, wie denn auch Liebknecht zur Feier ihres Frühlingsfestes am 17. Mai in Paris eintraf.

Die in Paris sich aufhaltenden Anarchisten deutscher Zunge bekamen durch einige aus Wien und der Schweiz verwiesene Oesterreicher und Deutsche vorübergehenden Zuwachs und benutzten deren Anwesenheit, von sich reden zu machen. So veranstalteten sie im März unter einem fingirten Ehrenpräsidium des Mörders Stellmacher eine öffentliche Versammlung, in welcher sie sich mit den Urhebern der in Deutschland und Oesterreich verübten Verbrechen solidarisch erklärten; und am 20. April arrangirten sie ein internationales Meeting, welches speciell die Besprechung der Verhältnisse in Oesterreich bezweckte. Von den 600 erschienenen Oesterreichern, Deutschen, Russen, Spaniern, Schweizern und Franzosen wurden diesmal die beiden Mörder Cyvoct und Cypriani zu Ehrenpräsidenten gewählt, und nach Entgegennahme einiger Begrüßungsadressen aus Bern, Genf und Barcelona eine Resolution angenommen, welche die Ausrottung „sämmtlicher regierenden Fürsten, Capitalisten und Pfaffen" durch die „Propaganda der That" dringend empfahl.

Um Tausende war am Ende des Jahrs 1884 die Zahl der beschäftigungslosen Arbeiter vermehrt. Die Verhältnisse lagen aber in Frankreich im Durchschnitt nicht schlimmer, als in vielen anderen Ländern, und konnten jedenfalls nicht durch zwecklose Demonstrationen und Gewaltthätigkeiten gebessert werden, wie sie während des Winters zu 1885 in Paris, Lyon, Marseille und andern Industriecentren an der Tagesordnung waren. Um ihre Nothlage ja recht eindringlich klar zu legen, hielten die „Brotlosen" in regelmäßigen Zwischenräumen öffentliche Umzüge und Versammlungen, an denen sich gewöhnlich bis 5000 Personen betheiligten, ergingen sich dabei in den gröbsten Schmähungen gegen die besitzenden Klassen, forderten zu Brandstiftung, Mord und Plünderung auf, „weil sie nicht nöthig hätten, zu hungern, während alle Magazine gefüllt wären", fingen Schlägereien mit anwesenden Gegnern an und brachten es denn meisthin dazu, daß die Aufsichtsbeamten einschritten und eine Menge Verhaftungen vornahmen.

An solchen Demonstrationen betheiligten sich aber nicht blos die Anarchisten und revolutionären Socialisten, sondern auch die sonst so gemäßigten Syndikatskammern. Positive Besserungsvorschläge wurden nur selten gemacht, und wenn es geschah, so waren sie so ungeheuerlicher Art, daß ihre Annahme von vornherein aussichtslos erschien. So verlangten z. B. die Pariser Syndicatskammern neben Einführung eines achtstündigen Arbeitstages, eines Normalarbeitslohnes und der Sistirung sämmtlicher Miethszahlungen bis zu 500 Frcs., einen Credit von fünfhundert Millionen für sich und unentgeltliche Ueberweisung leerer Wohnungen an ihre Mitglieder. Und sie vertraten diese Forderungen so energisch, daß sie sich fast mit Gewalt Zugang zur Deputirtenkammer verschafften.

Angesichts solcher Vorgänge und der hinreichend bekannten sehr ernsten Excesse, welche im Mai (1885) auf dem Père la Chaise bei der Communefeier und dem Begräbnis des Communarbs Courbet vorkamen, hätte ein in die Verhältnisse nur oberflächlich Eingeweihter glauben mögen, daß eine neue Revolution in Frankreich nahe bevorstehe. Wenn diese Besorgnis jedoch nicht gehegt werden durfte, so lag dies hauptsächlich daran, daß die verschiedenen Arbeiterorganisationen nicht aus der gegenseitigen Bekämpfung herausgelangten und, abgesehen von Demonstrationen wie die eben erwähnten, obwohl sie das gleiche Ziel verfolgen, doch über die Mittel zur Erreichung desselben vollständig auseinander gingen.

An Versuchen zur Ausgleichung der Gegensätze fehlte es niemals. Die Fraction Guesde (fédération des travailleurs socialistes), die Blanquisten, und vor Allem die Fraction Brousse in einem Anfangs Januar 1885 erlassenen Manifest hatten der Reihe nach auf die Nothwendigkeit einer Einigung hingewiesen;

und bei einer Gedächtnisfeier am Grabe des alten Socialrevolutionärs Blanqui am 4. Januar ward diese Nothwendigkeit von allen Seiten übereinstimmend betont. Doch alle darauf gerichteten Versuche scheiterten schon nach den ersten vorbereitenden Handlungen an der Hartnäckigkeit der meisten Führer. Die Wahlen zur Deputirtenkammer boten noch einmal Anregung zu Vereinigungsversuchen, und es hatte sich auch im April der Wahlpropaganda halber eine „union révolutionaire" mit sehr weitem Programm gebildet. Aber nach kurzer Frist trat die Fraction Brousse wieder aus, und zwischen den Anhängern Guesde's und den Blanquisten that sich im Juni ebenfalls neuer Zwiespalt auf. Die Folge hiervon war, daß die gesammte monatelange Agitation im October nur sechs Arbeitercandidaten durchbrachte, und auch diese nur mit Hülfe der radicalen Republikaner. Statt sich selber jedoch ob dieses Mißerfolges anzuklagen und eine Lehre daraus zu ziehen, schimpften die socialistischen Parteien auf das Listenscrutinium und die „perfide Tactik der Bourgoisie", welche ganz unerwartet mehrere socialistische Forderungen in ihren Wahlaufrufen adoptirt hatte. Allein aus der Thatsache, daß für die Arbeiter=Candidaten ungefähr blos 100,000 Stimmen abgegeben worden waren, durfte schlechterdings nicht auf die Zahl der in Frankreich vorhandenen Socialisten geschlossen werden.

Die ewigen gegenseitigen Streitigkeiten und Eifersüchteleien hemmten natürlich auch die einzelnen Arbeiterorganisationen in ihrer Entwickelung sehr stark, zumal sie noch gegen den zersetzenden Einfluß und die Intriguen der Anarchisten sich zu stemmen und zu wehren hatten.

Eine weitere Folge der immerwährenden Differenzen der Führer und Agitatoren und der sich gegenseitig überbietenden Hetzereien ist die, daß die gesammte auch nicht socialistische Arbeiter=

schaft in ununterbrochener Aufregung erhalten, in ihr jedwede
Achtung vor Gesetz und Recht systematisch untergraben wird, und
die Hoffnung auf eine friedliche Entwicklung der Dinge dermalen
kaum noch vorhanden ist. Denn wenn täglich in der Presse und
in öffentlichen Versammlungen nichts als Haß gegen die „Ausbeuter"
gepredigt, und Gift, Dolch, Raub und Brandstiftung als die allein
geeigneten Mittel zu deren Bekämpfung empfohlen werden, und
sogar die Abgeordneten der Arbeiter an derartigen Agitationen in
erster Linie und ganz in derselben Weise sich betheiligen, wie die
berüchtigte Louise Michel, so ist auch zu erwarten, daß diese Mittel
bald zu allgemeiner Anwendung gelangen.

Es mag hier nur an die wahrhaft bestialische Ermordung des
Grubendirectors Watrin beim Beginn des Strikes in Decazeville
und die zahlreichen übrigen Gewaltthätigkeiten erinnert werden, die
dort infolge fortgesetzter Aufreizungen durch Pariser Agitatoren
begangen worden sind. Jener Mord wurde alsbald in frivolster
Weise als „Hinrichtung" für durchaus gerechtfertigt erklärt, und der
Name des Opfers zur Bildung eines neuen, seitdem in socialistischen
Versammlungen häufig gebrauchten Verbums: „watriniren" als
Bezeichnung für das gegen „Ausbeuter" anzuwendende Verfahren
benutzt. Daß der Aufstand in Decazeville nicht noch größere
Dimensionen annahm, daß ein zu derselben Zeit in St. Quentin
beabsichtigter im Entstehen unterdrückt, und in Lyon und den
Districten an der belgischen Grenze während des Aufstandes in
Lüttich und Charleroi die Ruhe nicht gestört ward, hatte man sicher
nicht mangelhaftem Eifer auf Seiten der dort wirkenden Agitatoren,
sondern lediglich der rechtzeitigen Energie der Behörden zu ver=
danken. Diese scheint auch — man weiß freilich nicht auf wie
lange noch — ihren wohlthätigen Einfluß üben zu sollen, wenigstens
blieben sowohl die Märzfeier (1886), als auch die übliche Demon=

stration auf dem Père la Chaise zu Ehren der Commune im Mai in Folge behördlicher Anordnungen in sehr bescheidenen Grenzen.

Ungerechnet die Vereinigung der Syndicatskammern und der „alliance socialiste", deren Mitglieder übrigens meistens gleichzeitig anderen Organisationen angehörten, war von den obengenannten Parteien nach den uns zuletzt zugegangenen glaubhaften Mittheilungen die Fraction Brousse die zahlreichste und bestgeordnete, unter einem „National=Comité" in sechs Regionen getheilt, mit regelmäßigen Regional= und Nationalcongressen. Ihr zunächst stand die Partei der Blanquisten. Guesde's Anhänger eroberten sich unter den französischen Arbeitern wenig Sympathien, weil sie fort und fort internationale Beziehungen unterhielten und sich insbesondere zur deutschen Socialdemokratie hinneigten, wogegen die große Mehrheit der eingeborenen Socialisten, wie alle übrigen Franzosen, deutschfeindlich waren und sind. Die Sammlungen, welche in Deutschland für die französischen Socialisten zu Wahlzwecken veranstaltet wurden, galten auch lediglich den Guesdisten. Die Fraction Brousse gab nur einmal gewisse Sympathien für die deutschen Socialdemokraten zu erkennen, nämlich gelegentlich der Beschimpfungen, welche deren Vertreter wegen ihrer Theilnahme am Begräbnis des Communards Jules Vallès am 16. Februar (1886) durch Pariser Studenten und Bürger erleiden mußten. Im Verfolg dieses Unfugs sollte eine größere Anzahl Deutscher aus Frankreich verwiesen werden; die angekündigte Maß= regel wurde aber, wie uns versichert worden, nur gegen fünf Individuen in Ausführung gebracht.

Der einige Zeit hindurch sehr eifrige „cercle internationale" büßte bis Ende des Jahres 1884 immer mehr an Bedeutung ein. Und nachdem er dann monatelang rein Nichts von sich hatte hören und lesen lassen, trat er im Mai 1885 wieder einmal zusammen,

doch nur, um seine Auflösung und über Verwendung seiner Kassen=
bestände zu beschließen. Er hegte die Absicht, den deutschen und
östereichischen Gesinnungsgenossen sein Vermögen zuzuwenden, ward
aber endlich dahin gebracht, die „union révolutionaire" damit zu
bedenken.

Der „cercle révolutionaire" war in der That überflüssig,
denn neben ihm entstanden und bestehen selbstständige Clubs fast
aller Nationalitäten, die auch untereinander Verbindung halten.
Die Russen vermehrten sich durch Zuzug aus der Schweiz, gewannen
aber an Bedeutung nicht. Für Deutschland sind sie jedoch insofern
von Belang, als sie in steter Beziehung zu den reichsangehörigen
Socialisten leben, insbesondere die socialistische Bewegung unter
den Polen leiten. Darüber sind in Berlin bis in die letzte Zeit
hinein Wahrnehmungen gemacht worden. Die Polen selber sind in
Socialisten und Nationalisten gespalten. Die österreichischen
Socialisten in Frankreich schwören fast alle zu Most; die deutschen
bekannten sich großentheils zu Bebel. Da aber mehr als drei
Deutsche kraft ihres ausgeprägten Individualismus nicht gut
beisammen sein können, ohne verschiedenen Anschauungen über eine
und dieselbe Angelegenheit zu huldigen, so herrschte auch unter
unseren sozialistischen Landsleuten in Frankreich beständiger Streit.
Liebknecht wurde wiederholt angegangen, die Einhelligkeit unter
ihnen zu vermitteln. Als die Intervention versagt wurde, trennten
sie sich in zwei Vereine, die, soweit unsere Kenntnis reicht, nur bei
Demonstrationen nach außen hin gemeinsam operiren.

Die Thätigkeit der Arbeitergruppe im französischen Parlament
hatte sich im Wesentlichen auf die Stellung einiger Anträge beschränkt,
welche sich auf Anbahnung einer internationalen Arbeitergesetzgebung
bezogen. Außerdem erließ sie ein Manifest, in dem sie auf die

Mißstände der heutigen Productionsweise, auf die durch das schiefe Verhältnis zwischen Capital uud Besitzlosigkeit entstehenden Krisen hinwies und erklärte, daß, da die Besitzenden ihre Privilegien nie freiwillig aufgeben würden, die Arbeiter sich selber helfen müßten, jedoch mit legitimen Mitteln. Was indeß unter „legitimen Mitteln" verstanden wird, ist aus dem oben gekennzeichneten Verhalten der Abgeordneten der Arbeiter außerhalb des Parlaments erkennbar.

Was die französischen Anarchisten betrifft, so bildeten sie keine mehr oder weniger geschlossene Partei, sondern trieben ihr Unwesen in selbstständigen Gruppen. Solcher zählten die Pariser Aufsichts= Behörden am Ende des Jahres 1886 zwanzig, nämlich: „La Panthère des Batignolles", „La Vengeance", „Les Insurgés", „Le Drapeau rouge", „Le Drapeau noir", „Les Parias", „L'Avant-Garde", „La Hache", „La Varlope" (wie schon der Name sagt, lauter Tischler von Metier), „L'Aiguille" (lauter Schneider), „La Jeunesse révolutionaire" mit sechs Filialen in eben so vielen Pariser Bezirken, „Les Anti-Patriotes" (geschworene Gegner des berüchtigten Déroulède und Genossen), „Le Tocsin," „La Sentinelle de Montmartre", „Les Misérables", „La Lutte", „Le Combat", „La Révolte", „Les Mécontents", „Les Antipropriétaires", und als zwanzigste eine aus wenigen Deutschen zusammengesetzte Gruppe, die aber, so weit bekannt, außer aller Verbindung mit der Heimat steht und in Paris nicht viel von sich reden machen darf. Ferner bestanden sechs anarchistische Sippen außerhalb Paris, doch noch in Isle de France, und je eine in Roubaix, Tourcoing, Marseille, Lyon und Dijon; ihre Stichnamen, falls sie solche führen, sind den Behörden unbekannt, wie sie überhaupt wenig mehr von ihnen wissen, als daß sie existiren.

Die Pariser schätzt man zusammen auf etwa 1500 Köpfe. Thatendurstig ist keineswegs jede dieser Banden; eine nicht geringe Anzahl derselben, darunter der „Schlichthobel", die „Rache", die „Nähnadel" ist im Gegentheil blos schwatzsüchtig und aufwieglerisch. In ihren regelmäßigen Zusammenkünften, die nach Besprechung von Fragen, welche sich aus den Begriffen Eigenthum, Capital, Bourgeoisie, stehendes Heer und dergleichen extrahiren lassen, mit Zechereien und Gesang, oder richtiger Gebrüll, enden, bramarbasiren sie freilich dermaßen, daß man befürchtet, schon nächsten Tags die Köpfe aller ruhigen Bürger von ihnen auf Piken umhergetragen zu sehen und über die Trümmer aller öffentlichen Gebäude steigen zu müssen. Aber sie selber denken nicht daran, ihre eigene Haut zu Markt zu tragen, sie überlassen das Andern. Auch das bestorganisirte Gesindel, die „Antipropriétaires", drohen mit dem Aufhängen aller Besitzenden, dem Todtschlag aller Advokaten und Pfaffen und der Zerstörung der Kirchen, Justiz- und Polizeigebäude, die Steuerämter nicht zu vergessen; doch führen sie den Krieg gegen die Gesellschaft in sehr eingeschränkter und unblutiger, fast humoristischer Weise, in der Art einer Rückcompagnie. Um nämlich Mitglied dieses Trupps zu werden, muß man selbstverständlich von Haß und Rachegefühl gegen die bestehende Ordnung erfüllt sein und sich verpflichten, zwar stets Miethszins zu versprechen, aber niemals zu entrichten. Natürlich treiben die Hauseigenthümer die Philantropie nicht so weit, zinsschuldigen Miethern lange Geduld zu schenken, es schlägt bei ihnen früher oder später die Stunde, wo sie gegen säumige Zahler gerichtliche Hülfe in Anspruch nehmen. Sobald ein solcher Fall bevorsteht, macht der betreffende Antiproprietair seinen Kameraden davon Mittheilung, und am andern Tage erscheinen einige Mann, um seine Mobilien zu verpacken und auf die Straße zu tragen, während dicht am Hause drei oder vier Bundesbrüder harren, um den Portier festzuhalten, falls er sich dem Auszuge des Zinsschuldners widersetzen will, und einige andere Genossen eilen herbei, um die Geräthschaften auf Tragen oder Wagen in das neue Heim zu schaffen. Solch ein Auszug geht stets überraschend schnell vor sich, denn die Räumer sind entschlossene, kräftige und gewandte Gesellen; allein er geht nicht immer ohne Scandal ab, wenn der Portier ein zäher Mann ist, es sammelt sich Publicum vor dem Hause, man ruft einen Polizeibeamten herbei, falls er nicht von selbst hinzukommt. Aber die Antiproprietaire lachen dazu, denn es ist den Polizeibeamten strengstens untersagt, sich in irgendwelche Miethsangelegenheiten zu mischen, und sie lassen sich selten so beschämen, daß man sie daran erinnern muß. Die Helfer können auch lachen, weil die Strafen, die sie treffen dürften, zu geringfügig sind, um von ihnen empfunden zu werden und sie abzuschrecken. Ebenso sorgen die Antiproprietaire, daß in die Mobilien eines ihrer Genossen niemals Pfändung vollstreckt werden kann.

Um diese Sorte von Anarchisten kümmert sich übrigens die Polizei sehr wenig, es lohnt nicht der Mühe, Verräther unter ihnen zu gewinnen.

Um so gefährlicher sind die anderen Gruppen, voll Thatendrang und Hang zu Gewaltthätigkeiten, namentlich „Le Drapeau rouge", „Les Misérables", „La Lutte", „Le Combat", „La Hache" und vor Allem „La Panthère des Batignolles". Sie treiben, doch jede für sich, insgesammt „Experimental=Chemie", d. h. Untersuchung und Erprobung von Explosivstoffen, Anfertigung von Bomben und auch Giften. Sie haben Kundschafter im ganzen Lande, führen Todescandidaten=Listen und berathen Pläne zur „zweckmäßigen" Zerstörung einzelner Baulichkeiten und ganzer Stadt=

theile. Die „Panthère", die einzige Clique, welche bis jetzt einen „berühmten Mann" zu verzeichnen hat, Namens Duval, berühmt, weil er von dem Pariser Geschwornengericht wegen gemeinen Mordversuches, Brandstiftung und Diebstahls zum Tode verurtheilt worden, anerkennt auch das Recht auf Diebstahl, Brand und Mord, wenn es aus Noth gehandhabt wird, die andern nur, wenn es zum „allgemeinen Besten" gebraucht wird; Diebstahl en masse nannte der anarchistische „Cri du peuple" eine „loyale, sociale Wiederherstellung des Eigenthums". Diese eben genannte Gruppe zählte Ende des vorigen Jahres etwa 500 Mitglieder, darunter Louise Michel. Hervorragende rednerische Gönner und Vertheidiger der Anarchisten sind Basly, Felix Pyat, Labusquiuère, und die Journalisten Longuet und Laforgue, beide gleich dem „Doctor" Aweling in London Schwiegersöhne des verstorbenen Karl Marx.

Mit den Socialrevolutionären haben die französischen Anarchisten den Haß gegen Cabinets- und Nationalkriege gemein, weil diese mit ihrem „Vaterlands- und Siegesdusel" die radicale Auflösung der Gesellschaft nur verzögerten und nur Ein Krieg, „sittlich und nothwendig" sei: der gegen das Capital und die Bourgeoisie in der ganzen Welt.

IX.

Italien.

Auf der italienischen Halbinsel hatte die im December 1882 erfolgte Hinrichtung des Irredentisten Oberdank einen förmlichen Personencultus für diesen angeblichen Märtyrer entfesselt, an dessen bedenklichen Ausschreitungen alle radicalen Elemente von den Demokraten bis zu den Anarchisten regsten Antheil nahmen. Dies veranlaßte die Regierung zum Erlasse eines Circulars, wonach alle derartigen Umtriebe, seien sie irredentistische, socialistische, anarchistische oder internationalistische, auf das Strengste verfolgt werden sollten. Und diesem Umstande war es zu verdanken, daß die 1883er Feier des Jahrestages der römischen Republik und Pariser Commune, sowie die Todestage von Mazzini und Garibaldi in Ruhe verliefen.

Die Arbeiterbewegung selber gewann unter Führung des ungemein eifrigen Costa nach wie vor an Terrain, es mangelte ihr aber an fester Organisation wie an Klarheit über die zu erstrebenden Ziele und die dazu geeigneten Mittel. Am Besten organisirt und am Meisten ihres Zieles bewußt zeigte sich die socialistische Arbeiterpartei in der Romagna, die sich mehrmals im Jahre zu Congressen vereinigte, und es erschienen zu denselben am 30. März und 21. Juli

1884 in Forli bereits nahe an 100 Delegirte. Sehr zu statten kam den Socialisten die von Costa vermittelte Unterstützung der Demokraten, die sich auf ein Anfangs Mai 1883 in Bologna unter Theilnahme von 400 Delegirten abgehaltenen Congreß zu einer „Societa democratica Italiana" constituirt hatten, um auf Grund eines überaus radicalen Programms die politische und sociale Wiedergeburt Italiens, oder wie sie auf ihrem Jahrescongresse am 16. März 1884 in Florenz sich ausdrückte — die Vereinigung aller radicalen Parteien zur Erlangung der Volkssouvränetät herbeizuführen. Die Arbeiter nahmen bald darauf die Firma: „Italienische socialrevolutionäre Arbeiterpartei" an.

Allen Socialisten und Demokraten Italiens gemeinsam war das Widerstreben gegen die seitherigen socialpolitischen Reformen der Regierung. In zahlreichen Versammlungen und in der Parteipresse vernahm man als Grund dafür, daß die Art, wie die Regierung Reformen angestrebt, die ökonomische Frage nicht zu lösen vermöge, daß überhaupt jede Einmischung der Regierung in die Arbeiterfrage an und für sich vom Uebel und es weit rathsamer sei, den Arbeitern das Stimmrecht zu ertheilen und im übrigen vollständige Freiheit zur selbstständigen Entwickelung zu lassen.

Um ihre Fähigkeit in dieser Richtung zu beweisen, wurden zuvörderst gewerkschaftliche Fachvereine gegründet, wie die der Bäcker, Conditoren, Köche, Kellner, Landarbeiter u. A., von denen einige mit Strike- und Versorgungskassen für Arbeitslose verbunden wurden. In der Romagna bildete sich auch eine Arbeiter-Association zur Ausführung größerer Arbeiten ohne Zuziehung von Capitalisten, und übertrug man ihnen in der That den Bau einer Eisenbahn von ungefähr dreißig Kilometern Länge.

Die Anarchisten, durch das Anwachsen und den zunehmenden Einfluß der Socialisten beunruhigt, machten alle Anstrengnngen, um sich die Leitung der revolutionären Bewegungen in Italien nicht entwenden zu lassen, zu welchem Zweck sie den bekannten Revolutionär Malatesta aus dem Auslande zurückberiefen. Dieser begann sogleich einen systematischen Feldzug gegen Costa, welcher durch seinen Eintritt in das Parlament die socialistische Partei zu einer „legalitären" verhunzt und an die Bourgeoisie verrathen haben sollte. Malatesta erklärte auch Jeden für einen Verräther, der sich überhaupt auf Reformen einlasse, und seine Anhänger suchten durch Verbreitung aufrührischer Plakate bei Gelegenheit größerer Zusammenkünfte und thätlichen Widerstand gegen die Staatsgewalt die Gemüther zu erregen. Am 7. Mai 1883 in Florenz jedoch verhaftet, wurde Malatesta sammt 53 anderen Anarchisten, welche sich in demonstrativster Weise mit ihm solidarisch erklärt hatten, durch ihnen zuerkannte mehrjährige Gefängnisstrafen bis auf Weiteres unschädlich gemacht. Die aus Anlaß dieser Verhaftungen in Rom und Neapel angestellten Ermittelungen führten übrigens zu der Entdeckung, daß bereits verschiedene Anarchistengruppen gegründet worden, welche nach Art der Fenier durch Dynamitattentate ihre Unzufriedenheit mit der Regierung zu bekunden gedachten.

Der Sommer von 1884 und die nächsten Monate vergingen nicht, ohne eine Menge neuer socialistischer Vereine entstehen zu sehen. Und nachdem auch aus mehreren Theilen des Landes Beitrittserklärungen zu der „Italienischen Arbeiterpartei" eingetroffen waren, schloß sich ihr am 6. December 1884 die schon seit Jahren in sich fest gefügte „Lombardische Arbeiterföderation" mit ihren zahlreichen Sectionen an, welcher Vorgang wieder andere Arbeitervereinigungen nach sich zog. So hätten denn jetzt bereits die italienischen Socialisten eine imposante Macht darstellen können, wenn die einzelnen Vereine und Fractionen, wie dies bei allen romanischen Völkern wahrnehmbar ist, nicht gerade an unwesentlichen Dingen, durch die ihre Satzungen sich von einander unterschieden, so festhielten, daß ein unbedingtes Zusammenwirken unausführbar war.

Die „Italienische Arbeiterpartei" rastete aber nicht in ihren Anstrengungen, die verschiedenen Verbände zu einem Ganzen zusammenzuschließen, und berief deshalb zum 12. März 1885 einen Congreß nach Mailand, der nach längerer Vertagung am 3. Mai beendet ward, um durch ein neues Statut den Anschluß aller Vereine annehmbar zu machen. Durch das neue Statut wurde nun jede politische und religiöse Tendenz von dem Bunde als solchem ferngehalten und seine Thätigkeit auf das rein ökonomische Gebiet beschränkt. Der Bund sollte lediglich der Vertheidigung der Arbeit gegen die erdrückende Macht des Capitals dienen, zu diesem Zweck auf die Weiterbildung und straffe Gliederung von Gewerkschaften hinwirken, geeigneten Falles Strikes in großem Maßstabe organisiren, in der Presse für Hebung des Arbeiterstandes eintreten u. s. w. Diese neue Grundlage übte wenigstens für die nördliche Hälfte des Königreiches Anziehungskraft aus.

Gegen die von der Regierung ausgegangenen socialpolitischen Reformvorlagen verhielten sich sämmtliche Arbeiterverbände nach wie vor ablehnend und hatten unter Anderm bei der Berathung eines Unfallversicherungsgesetzes in der Kammer durch ihren Führer Costa wiederholt erklären lassen, daß sie alle derartigen Gesetze als unnütz betrachten müßten, wenn sie nicht gleichzeitig in den Besitz der politischen Gewalt gelangen könnten, weil die loyale Ausführung der Gesetze unter heutigen Verhältnissen nicht gesichert sei.

Eine sehr bemerkenswerthe Bewegung begann im Anfange des Jahres 1885 unter den Landarbeitern in der Lombardei und Süditalien, die sich über das ganze Land auszubreiten anschickte. Sie war gegen die Grundbesitzer gerichtet und bezweckte eine durchgreifende Verbesserung der materiellen Lage der Arbeiter, die noch

immer wahrhaftig nicht beneidenswerth ist, ungeachtet der sprüchwört=
lichen Genügsamkeit dieser Bevölkerungsklasse. Man darf sich daher
auch nicht wundern, daß letztere abweichend von anderen Ländern, fort
und fort das stärkste Contingent für die Umsturzparteien stellt. In
der Gegend von Mantua, wo die Landarbeiter sich mit den kleinen
Bauern zu gegenseitigem Schutze associirt hatten, nahm jene Bewe=
gung sehr bald einen gewaltthätigen Charakter an, und im Februar
stieg sie zu vollständigem Aufruhr. Es wurden eine Menge Häuser
demolirt, Weinplantagen vernichtet, und erst nach Verhaftung von
mehreren Hunderten der Tumultuanten durch das herbeigerufene
Militär konnte die Ruhe einigermaßen wiederhergestellt werden.
Wie zu erwarten, benutzten die Anarchisten diese Gelegenheit zu
Agitationen und bemühten sich, die Unzufriedenheit noch in weitere
Kreise zu tragen. Die Angelegenheit kam auch auf dem von
99 Arbeitervereinen beschickten Congresse zu Mantua am 6. December
zur Sprache, einem Congresse, welcher die vollständige Emancipation
aller Arbeiter von aller staatlichen Einmischung in die sociale Frage
und die Selbsthülfe proclamirte.

Aber ebenso, wie vom Staate, will die socialistische Arbeiter=
schaft sich auch von anderen politischen Parteien, die ihrer Meinung
nach lediglich im Dienste des Capitals wirken, unabhängig erhalten.
Darum hatte sie z. B. die Einladung der „Societa democratica",
mit ihr bei den Wahlen gemeinsam zu operiren, wiederholt zurück=
gewiesen und eigene Candidaten aufgestellt, unter ihnen den bekannten
Mörder Cipriani, der sogar in zwei verschiedenen Bezirken gewählt
wurde. Die Theilnahme einiger Socialrevolutionäre am Jahres=
congresse der Demokraten in Florenz am 15. November 1885 wurde
von dem „Fascio operajo" scharf getadelt, weil es unangemessen
wäre, daß Leute, welche das Interesse der Arbeiter zu verfechten

hätten, sich mit Parteien einließen, die sie nur als politische Hampelmänner zu benutzen gedächten.

Das Jahr 1886 war übrigens ein Jahr der eifrigsten socialistischen Agitation im ganzen Königreich, und auch der praktische Kampf gegen das Capital entbrannte in Form umfangreicher Strikes in der Provinz Apulien, in Livorno, Faenza, Turin, Mantua, Mailand und mehreren ländlichen Districten der Lombardei von schweren Excessen begleitet, die an einigen Orten in die vollkommenste Empörung gegen die Staatsgewalt ausarteten. Infolge derselben wurden namentlich sämmtliche lombardische Sectionen der Arbeiterpartei aufgelöst. Ebenso wichtig war der Regierung aber die aus den Untersuchungen gegen die ergriffenen Excedenten ermittelte große Anzahl geheimer, auf den gewaltsamen Umsturz des Staates hinarbeitender revolutionärer und anarchistischer Gruppen, welche letztere jede Gelegenheit zu verbrecherischer Wirksamkeit benutzen.

Auf dem bisherigen Wege wird aber auch Italien weder des Socialismus noch des Anarchismus ledig, ja Italien vielleicht zu allerletzt, wenn überhaupt.

X.

Spanien.

Ueber Spanien liegen uns bezüglich der socialistischen und damit verwandten Bewegungen, zumal im Verhältnis zu der Ausdehnung, welche letztere dort bereits erlangt haben sollen, nur wenige völlig zuverlässige Nachrichten vor, und beim besten Willen würden selbst die dortigen Aufsichtsbehörden nicht im Stande sein, ein genügend klares und anderes als skizzenhaftes Bild davon zu geben.

Mehr denn vorher lenkte bei Beginn der Periode, welche wir hier beschreiten, der Geheimbund „mano negra" (Schwarze Hand) die allgemeine Aufmerksamkeit, auf sich. Schon 1881 wurden in Andalusien, besonders in der kornreichen Niederung des Guadalquivir und in der Umgegend von Xeres de la Frontera, wiederholt Agrarverbrechen verübt, ohne daß die Thäter ergriffen werden konnten. Aber im Herbst 1882 erfolgte eine ganze Reihe von Mordthaten aufeinander, so daß die Behörden in ihren Nachforschungen nunmehr den außerordentlichsten Eifer entwickelten und damit jenen Geheimbund ermittelten. Derselbe bezeichnete sich seinen Satzungen zufolge als Rachebund der Besitzlosen gegen die Ausbeuter, deren

Vernichtung mit Dolch, Gift und Feuer betrieben werden müsse, und verfügte über eine den russischen Nihilisten ähnliche straffe Organisation, indem jedes Mitglied, welches sich der ihm zuerkannten Aufgabe entzog oder gar Verrath übte, unverzüglich und ohne Gnade mit dem Tode bestraft wurde. Zu diesem Zwecke war ein Vehm= gericht eingesetzt, das fast ganz in der Weise der ehemaligen Vehme der rothen Erde verfuhr. Zeitungsmittheilungen behaupteten damals, daß dieser, durch alle Provinzen Spaniens verstreute und und auf mehrere Tausende von Mitgliedern angewachsene Bund mit den Anarchisten des In= und Auslandes in enger Verbindung stände. Diese Behauptung erwies sich jedoch als bloße Vermuthung, denn die angestellten sorgfältigsten Untersuchungen ergaben dafür auch nicht den mindesten Anhalt. Die Verschwörung mußte des= halb auf locale Mißstände zurückgeführt werden, zu denen die un= gesunden und in den letzten Jahren noch durch Mißernten, Ueber= schwemmungen und anhaltende Dürre wesentlich verschlimmerten Agrarverhältnisse zu rechnen waren. Deshalb nahm man auch Ab= stand von der ursprünglichen Absicht, die 300—400 zur Untersuchungs= haft eingelieferten Personen wegen Theilnahme an einer staats= gefährdenden Verbindung anzuklagen, sondern leitete den Prozeß im Mai 1883 zu Xeres de la Frontera nur gegen 112 Individuen wegen Verübung gemeiner Verbrechen ein. Von diesen wurden 17 zum Tode, von den anderen die meisten zu langwieriger Ge= fängnißstrafe verurtheilt. Hierüber stieg die Erregung der ländlichen Bevölkerung Andalusiens dermaßen, daß fortwährend Militär= Detachements das Land durchstreifen und auch bei der Bergung der diesmal sehr ergiebigen Ernte mitwirken mußten. Den Geheim= bund an sich störten jene Verurtheilungen in keiner Weise: sogar während des Monstre=Prozesses wurden in Xeres selber und Umgegend verschiedene Agrarverbrechen begangen.

Die Anarchisten Spaniens, oder genauer die „federacion de los trabagodores" — ein collectivistisch-anarchistischer Arbeiterbund — schwiegen übrigens nicht zu der ihnen von der Tagespresse zur Last gelegten Identität oder Vergesellschaftung mit der „Schwarzen Hand". Sie protestirten vielmehr sehr energisch dagegen, hervorhebend, daß ihre Organisation und Agitation sich durch unanfechtbare Bestimmungen der Verfassung rechtfertigen lasse und mit dem heimlichen Treiben von Meuchelmördern Nichts gemein habe. Ihre über ganz Spanien verbreitete Mitgliederzahl ward auf 70,000 veranschlagt, vertheilt in 800 Sectionen, mit regelmäßigen Provinzial- und Nationalcongressen.

Jener Proceß brachte die Regierung aber zu dem Entschlusse, eine Commission zur Prüfung der Arbeiterfrage einzuberufen, welche im März 1884 zusammentrat und vorerst in den verschiedenen Theilen des Landes Untercommissionen einsetzte.

Dieser Schritt der Regierung fand bei den gemäßigten Socialdemokraten sehr sympathische Aufnahme, weil, wie sie sagten, schon der gute Wille Anerkennung verdiene. Dagegen behauptete die ebengedachte „federacion", die sociale Frage könne nicht von oben herab, sondern nur von unten herauf gelöst werden, und rieth deshalb ihren Angehörigen entschieden ab, sich um diese Commissionen irgendwie zu bekümmern oder ihnen auf Erfordern Auskunft zu ertheilen. Ganz der Meinung lebte auch die mit ihr in Verbindung stehende „Union der Landarbeiter", die gelegentlich ihres fünften Jahrescongresses zu Montellano im April 1884 außer nachdrücklicher Agitation für Aufhebung der Latifundien den Erlaß eines Manifestes an sämmtliche Landarbeiter Spaniens beschloß, um diese zum engsten Anschlusse an die „federacion" zu bewegen und mit ihr gemeinsam die fernere Ausbeutung der Menschen durch die Menschen beseitigen zu helfen. Kurz vorher — im März — hatte der anarchistische

Arbeiterbund eine Aufforderung an alle Anarchisten der Welt zur Theilnahme an einem internationalen Congreß in Barcelona am 24. September gerichtet, um dort über die Mittel zur Beschleunigung der socialen Revolution und den Abschluß eines Freundschafts= bündnisses zwischen den gleichgesinnten Männern der einzelnen Staaten zu verhandeln. Der Congreß kam indeß wegen absoluter Theilnahmlosigkeit diesmal nicht zu Stande. Selbst Most meinte, das Geld, welches die Entsendung von Delegirten koste, könne weit besser zu „Thaten" verwendet werden. Aus demselben Grunde und weil theoretische Discussionen zwecklos seien, zudem eine große all= gemeine Action in naher Zeit ein Unding wäre, scheiterte die An= beraumung dieser Zusammenkunft zum nächsten Frühjahr. Endlich fand sie in den Tagen vom 21.—26. Juli 1885 doch statt; außer den spanischen Delegirten erschienen aber nur einige französische Gäste, die Deutschen, Engländer und Amerikaner schickten blos Zu= stimmungsadressen, und so war man genöthigt, den „Congreß" unter sich und im Geheimen abzuhalten. Ueber den Verlauf und das Ergebnis desselben ist nie Bestimmtes bekannt geworden, doch französische Blätter bezeichneten die gepflogenen Berathungen all= gemeinhin als „spongiös".

Inzwischen trugen die oben berührten Abmahnungen der „federacion" und der „Union der Landarbeiter" Frucht, unter= stützt allerdings durch den Hinzutritt von Umständen, die außerhalb ihrer Berechnung lagen, als Cholera, Erdbeben, Ueberschwemmungen, die neben neuen Handel und Industrie beängstigenden Umtrieben der Republikaner und Carlisten eine noch größere Verschlimmerung der wirthschaftlichen Lage der Arbeiter herbeiführten, und folglich noch mehr Steigerung der Unzufriedenheit mit den bestehenden gesellschaft= lichen Zuständen, als es ohnehin durch die Rückwirkung der all= gemeinen Verschlechterung des Geschäftsganges in den europäischen

Staaten der Fall gewesen sein würde. Die Arbeiten der von der Regierung eingesetzten Commission erweckten kaum Hoffnungen von Belang, und mit wenigen Ausnahmen enthielten sich die von den Untercommissionen Befragten aller positiven Vorschläge. Unzählige Male hieß es, die gegenwärtig herrschenden Parteien seien überhaupt unfähig zur Lösung der socialen Frage und Enqueten absolut nutzlos, die Arbeiter müßten sich selber helfen. Wo positive Vorschläge erhoben wurden, erstreckten sie sich mißmuthig auf Beschränkung der Kinder- und Frauenarbeit, Erziehung des heranwachsenden Geschlechts auf Staatskosten und achtstündigen Normalarbeitstag. Letzterer Erinnerung hatten die Arbeiter wenigstens Das zu verdanken, daß ein schon vom Juli 1873 datirtes Gesetz über die Kinderarbeit (Verbot bis zum beginnenden elften Lebensjahre, von da reducirte Arbeitszeit) durch Cabinetsordre vom 8. November 1884 in Vollzug gesetzt ward.

Pessimistische und revolutionäre Anschauungen traten auch auf einer Anzahl von Regionalcongressen zu Tage, welche die verschiedenen Arbeiterverbindungen einberiefen. Aber in einzelnen Stücken gingen sie auseinander, der kleinsten Unterschiede wegen bekämpften sie sich untereinander fast ebenso heftig, wie den „gemeinsamen Feind". Das socialistische Blatt „Obrero" forderte immer und immer wieder zu einer Einigung der „Schulen" auf, wenn der Socialismus von durchgreifenden Erfolgen begleitet sein solle; doch umsonst.

Andererseits hielt die Mehrzahl der organisirten Arbeiter von Neuem an der Hoffnung fest, auf friedlichem Wege beträchtliche Erleichterungen zu erlangen, und forderte deshalb das allgemeine Wahlrecht, um sich an der Gesetzgebung betheiligen zu können. So auf den Congressen im Juli und August 1885 in Saragossa, Madrid und Barcelona, wie am 21. Februar 1886 in Barcelona auf einer von etwa 2000 Mitgliedern der „partido democratica socialista español" aus verschiedenen Theilen des Landes besuchten Versammlung die auch am 1. März ein neues Parteiorgan „el socialista" errichtete und folgendes Programm im Auftrage jener Versammlung veröffentlichte: Erringung politischer Macht; Umwandlung des privaten und corporativen Eigenthums in Gemeineigenthum der Nation; Organisation der Gesellschaft auf der Grundlage wirthschaftlicher Verbindungen. Es ist dabei zu bemerken, daß die Mehrzahl der spanischen Socialisten sich nie an den Umtrieben der Republikaner betheiligte, weil nach ihrer Ueberzeugung die wirthschaftliche Bewegung an und für sich mit Politik Nichts zu thun habe, und die geforderten Reformen eben so gut unter einer monarchischen, wie unter irgend einer anderen Regierungsform durchgeführt werden könnten.

Die tumultuarischen Demonstrationen, welche in mehreren Städten, besonders in Madrid, stattfanden, entsprangen lediglich dem ungemeinen Nothstande der Arbeiter. Staat und Gemeinden leisteten auch sofort sehr erhebliche Unterstützungen und ließen öffentliche Arbeiten in Angriff nehmen. Aber freilich gingen diese Maßregeln nicht über die Grenze zeitweiliger Nothbehelfe. Die Regierung aber ist in jeder Hinsicht gelähmt, um den Forderungen selbst der friedlichen Arbeiter auch nur in einiger Hinsicht dauernd entsprechen zu können, gelähmt durch die Unklarheit der Arbeiter selbst, wie durch die unglückselige innere politische Lage des Landes.

Wir wollen diese Uebersicht nicht enden, ohne auf die streng nationale Gesinnung der spanischen Socialisten hinzuweisen, wie sie sich unter anderm gelegentlich der Differenzen über die Karolinen-Inseln offenbarte. Unsere deutschen Socialdemokraten müssen angesichts dieser Thatsache erröthen, falls sie das Erröthen nicht schon völlig verlernt haben.

XI.

Rußland.

Wenn wir bei unserer Darlegung über Spanien den Mangel an verbürgten und zusammenhängenden Nachrichten beklagen mußten, so haben wir in noch höherem Grade bei dem Ueberblick über die Agitationen der Umsturzparteien in Rußland dazu Veranlassung. Aus ersten und directen Quellen war für unseren Zweck nur wenig zu schöpfen, und die im Auslande lebenden russischen Flüchtlinge sind Nichts weniger als vollkommen über die revolutionäre Lage des Zarenreichs unterrichtet, aber um so mehr zu Vermuthungen und Fictionen geneigt. Wer daher immer ein Referat über den Gang der hier einschlägigen, von den betreffenden Behörden selber sehr geheimnisvoll behandelten Bewegung liefern will, ist großentheils, wenngleich mit prüfender Vorsicht, auf Zeitungsnachrichten angewiesen.

Außer allem Zweifel steht, daß an die Krönung des Zaren Alexander III. von der großen Masse des russischen Volks weitgehende Hoffnungen geknüpft wurden; man erwartete sogar mit Sicherheit, daß dieselbe den Ausgangspunkt für die nothwendigsten

Reformen bilden werden, und fürchtete nur, daß die Revolutionäre, deren Opfer Alexander II. geworden, durch irgend eine neue Gewaltthat den jüngsten Herrscher an der Ausführung der ihm zugetrauten guten Absichten hindern würden. Die Revolutionäre hielten es indeß für vortheilhafter, einen solchen Vorwurf nicht auf sich zu laden, und beschlossen daher, für einige Zeit von Agitationen ganz abzusehen und auch während der Krönungsfeierlichkeiten keinerlei Störungen zu verursachen. Die letzten Monate vor der Krönung verliefen daher im Allgemeinen ruhig. Nachdem diese aber vollzogen war, und außer einigen Gnadenbezeigungen keine der lang ersehnten Reformen gebracht hatte, wurde die geheime Agitation unter Benutzung der überall wahrnehmbaren Enttäuschung wieder aufgenommen und zunächst in einem Manifest des nihilistischen Executiv-Comités ausführlich dargethan, wie das Volk sich nun doch wohl davon überzeugt haben dürfte, daß von der Regierung aus eigenem Antriebe und auf friedlichem Wege Nichts zu erreichen sei und demnach nur Gewalt gegen dieselbe, die allgemeine Revolution, übrig bleibe.

In diesem Sinne wirkten nun die im Lande umherreisenden Agitatoren und die theils vom Auslande eingeführten, theils in Rußland selbst in verborgenen Druckereien hergestellten aufrührerischen Elaborate. Und ihr Erfolg war ein sehr großer; denn die Unzufriedenheit ergriff immer weitere Kreise und hatte sich im Jahre 1883 notorisch auch der Landbevölkerung und vieler Officiere der Landarmee wie der Marine bemächtigt.

Aber nicht blos die Terroristen, die durch Erregung von Schrecken ihr Ideal, den allgemeinen Zusammensturz, herbeiführen zu können glauben — die verschiedensten Parteien, auch die, welche sich mit den bescheidensten Reformen zu begnügen gedachten, agitirten nebenher und oft gegen einander, dabei ausnahmslos sich in ein möglichst tiefes Geheimnis hüllend, in welches blos ihre im Auslande unregelmäßig erscheinenden Organe und die noch unregelmäßiger im Inlande in geheimen Druckereien hergestellten Programme, Proclamationen, Manifeste u. s. w. von Zeit zu Zeit einiges Licht warfen. Man ersah daraus, daß die Anhänger des nun nicht mehr unter den Lebenden weilenden Special-Anarchisten Bakunin mehr und mehr an Boden verloren und dafür die anfänglich kleine socialdemokratische Gemeinde Lawrow's solchen gewann. Bestätigung dafür lag auch darin, daß die früher unter dem Namen „Tschorny Peredjil" bekannte Partei, von Lawrow ermuthigt, nunmehr als „Gruppe zur Befreiung der Arbeit" wieder hervortrat, um socialdemokratische Ideen zu verbreiten und eine socialdemokratische Partei nach westeuropäischem Muster zu organisiren, und daß in dem im Sommer 1884 aufgetauchten Blatte „Freies Wort" der Nihilismus perhorrescirt und dafür der Kampf mit lediglich geistigen Waffen als das geeignetste Mittel bezeichnet ward, um alle socialistischen Fractionen Rußlands zu einer geschlossenen, unwiderstehlichen Phalanx zu vereinigen. Natürlich forderten sie damit den Kampf der Nihilisten gegen sich heraus, gewannen aber dabei an Terrain, wie sich wenigstens ihren häufigeren öffentlichen Kundgebungen entnehmen ließ.

Inzwischen blieben Gewaltthätigkeiten aller Art, die stets Massenverhaftungen, Untersuchungen und Verurtheilungen Angehöriger aller Stände zur Folge hatten, an der Tagesordnung. Besonderes Aufsehen erregte selbst in Rußland die im Juli 1884 in Warschau ermöglichte Entdeckung einer anarchistischen Verschwörung, an deren Spitze mehrere Friedensrichter standen. Dazu hielten zahlreiche Studenten- und Bauernkrawalle, Excesse gegen die Juden und mehrere Mordthaten, deren Opfer theils Polizeioffiziere, theils Verräther waren, das Volk in Aufregung, nicht in Anschlag gebracht die Aufspürung von geheimen Druckereien in Moskau und St. Petersburg.

Es heißt die Fortschritte der socialistischen Parteien hätten die nihilistischen Verbrechen eine Zeit lang seltener gemacht, und in der That traf dies im Jahre 1885 zu. Aber zur Zurückdrängung der Terroristen trug wohl am meisten der Umstand bei, daß mehrere der berüchtigtsten Mitglieder dieser Partei, vornehmlich Lopatin, ergriffen und auf Grund der bei ihnen gefundenen Schriftstücke eine ganze Menge von Geheimdruckereien und Schlupfwinkeln aufgehoben werden konnten.

Das Programm der neuen socialistischen Partei, wie es in deren im März 1885 zuerst veröffentlichten Organ „Der Arbeiter" abgedruckt worden, verlangte: Verleihung einer Constitution, Verstaatlichung von Grund und Boden, Ueberleitung der Fabriken in den Besitz von Arbeitergenossenschaften, unentgeltlichen Unterricht, Beseitigung der stehenden Armee und freies Versammlungs- und Vereinsrecht. Im Sinne dieses Programms wurde die Agitation unter den Industrie- und Landarbeitern betrieben; das mangelhafte Auffassungsvermögen der großen Masse der Arbeiter ließ es dabei freilich oft zu schweren Thätlichkeiten kommen. Ferner suchten die russischen Socialisten auch Anlehnung an ihre Gesinnungsgenossen im Auslande und begründeten sie in einem Flugblatte, betitelt „Gruß zum 18. März", das im „Socialdemokrat" zum Wiederabdruck gelangte.

Die Nihilisten dachten aber nicht nur nicht daran, den Socialisten das Feld zu räumen, sondern die dürftigen Berichte über die Fortschritte der Socialisten in letzterer Zeit im Vergleich zu den zahlreichen Nachrichten über die Thätigkeit der Ersteren, die sich in gewohnter Weise in Raub, Todtschlag, Plänen zu Attentaten gegen die Person des Kaisers, Erregung von Bauernaufständen, Errichtung von Waffenniederlagen und geheimen Druckereien u. dgl. äußert, sowie das, obschon in unregelmäßigen Zwischenräumen fortgesetzte Erscheinen ihres Organs „Narodnaja Wolga" — das Alles rechtfertigt den Schluß, daß die Partei der Nihilisten die maßgebende geblieben ist.

Von der Entdeckung der geheimen Gesellschaft „Proletariat" wurde in russischen und deutschen Blättern behauptet, daß sie von geringer Bedeutung gewesen sei. Allein die Untersuchung gegen sie lieferte ein ziemlich klares Bild von dem Umfange und den Zielen der revolutionären Agitation, wie sie die letzten Jahre hindurch in Polen betrieben worden. Danach war die Gesellschaft gegründet, um das polnische Reich durch eine politische, auch Oesterreich und Preußen in Mitleidenschaft ziehende Umwälzung wiederherzustellen und auf socialistischer Grundlage neu aufzubauen. Die Leitung hatte ein in Warschau residirendes Centralcomité, während in den Provinzen Untercomités die Bildung revolutionärer Zirkel zu besorgen oblag. Ende 1884 gelang es, einen Theil der geistigen Leiter dieser Bewegung zu verhaften, in Folge dessen die ganze Organisation zerfiel. Aus den Zersprengten bildeten sich dann zwei neue Gesellschaften, von welchen die eine sich mit den Nihilisten in Verbindung setzte, sich deren Leitung unterordnete und deren Kampfweise annahm. Gegenstand der Untersuchung gegen die von den Behörden Ergriffenen bildeten dementsprechend Angriffe auf das Leben des Kaisers, Ermordung von Spionen und ähnliche Verbrechen. Die zweite Gesellschaft führte die Firma „Proletariat" weiter und veröffentlichte bereits im März 1885 in Tausenden von Exemplaren ein Flugblatt, in welchem die Arbeiter aufgefordert wurden, endlich an die besitzenden Klassen, in deren Interessen sie sich bis jetzt ohne jeden eigenen Vortheil abgemüht hätten, Regreß zu nehmen. Der Verfasser war jedenfalls der polnische Jude Mendelsohn, einer der ambulanten socialrevolutionären Hauptagitatoren, der auch in seinem „Prczebswit" einen Aufruf an die Polen erließ, ihre nationalen Velleïtäten doch endlich aufzugeben und mit den Socialisten gemeinsame Sache zu machen; widrigenfalls sie durch diese ebenso, wie die Regierung über den Haufen geworfen werden würden.

Die Beschuldigung, daß auch diese Gesellschaft mit russischen Nihilisten oder Terroristen in Verbindung gestanden, beruhte übrigens wohl nur auf Verwechselung; wenigstens ist sie nicht erweislich, und Mendelsohn hat ihr in einer Berichtigung im „Socialdemokrat" entschieden widersprochen.

XII.

Großbritannien.

In **England** hatte die am 15. März 1883 in Westminster, dem Sitze der Vornehmen in London, stattgehabte Dynamitexplosion große Aufregung verursacht. Wie die Untersuchung ergab, war dies Attentat ein Racheact des irisch=amerikanischen Fenierbundes, welcher bei den zunehmenden Beunruhigungen durch die Behörden seinen Kriegsschauplatz nach England selbst verlegt hatte, und mit diesem Attentat die Verwirklichung des von O'Donovan Rossa entworfenen Planes, die größern englischen Städte mittelst zahlreicher gleichzeitiger Explosionen zu vernichten, begann. In Birmingham ward eine förmliche Dynamitfabrik entdeckt, in der sich sehr beträchtliche Massen von Sprengstoffen vorfanden, welche demnächst zur Versorgung der nach den einzelnen Städten zu dirigirenden Emissäre dienen sollten, und mehrere solcher Emissäre mit Verhaltungsmaßregeln Rossa's und amerikanischem Gelde reichlich versehen, wurden aufgegriffen. Die Mehrzahl derselben konnte auch der Theilnahme an dem Attentate vom 15. März überführt werden, worauf über sie am 11. Juni die Verurtheilung wegen Hochverraths 2c. zu lebenslänglicher Zuchthausstrafe erging. Das obige Ereignis ward ferner die Veranlassung zu einem Gesetz, das jede mißbräuchliche Anfertigung und Verwendung von Sprengstoffen mit den härtesten Strafen bedrohte und die Einrichtung einer besonderen Abtheilung im Polizeidepartement in Aussicht nahm, welcher speciell die Ueberwachung der revolutionären Umtriebe der Ausländer obliegen sollte.

Dies energische Vorgehen der englischen Behörden konnte selbstverständlich nicht ohne Einfluß auf die in der Hauptstadt lebenden Mitglieder der internationalen Revolutionspartei bleiben. Einige verließen London aus Furcht vor Maßregelungen, die andern wagten sich kaum bald wieder an die Oeffentlichkeit zu treten. Was vollends ihr Vereinswesen störte, waren mehrfache Unterschlagungen seitens ihrer Beamten und häufige Differenzen mit dem Wirthe des Clublocals. Erst am 6. Juni fand wieder eine bemerkenswerthe größere öffentliche Versammlung statt, in welcher Anarchismus und Dynamit in verschiedenen Zungen verherrlicht und unter dem Beifall sämmtlicher Anwesenden erklärt ward, daß, falls die in Deutschland erwartete Revolution siegreich sei, die ersten Galgen für Liebknecht und Genossen aufgerichtet werden würden, welche als echte Betrüger an der Volksfreiheit noch immer mit dem Staate pactiren wollten, statt das Volk zu den Waffen zu rufen.*) Sonst hatten auch die zwei socialrevolutionären Sectionen des communistischen Arbeiter-Bildungsvereins unter der Ungunst der bezeichneten Verhältnisse zu leiden.

Dagegen nahm die unter Rackow's Leitung stehende gemäßigte Section einen bemerkenswerthen Aufschwung, der sich besonders in der Vermehrung der Mitgliederzahl offenbarte. Diese Section be-

---

*) Der Leser weiß, daß sich dies Verhältnis seitdem geändert hat, und noch unlängst erklärte der „Socialdemokrat", daß die deutschen Socialistenführer auf friedlichem Wege Nichts mehr zu erreichen streben.

thätigte an den Vorgängen in Deutschland lebhaftesten Antheil, leistete namhafte Beiträge für den „Socialdemokrat" und die Wahlagitation, und sie ist es, die auf den Kopenhagener Congreß einen Vertreter schickte. Nach längeren Versuchen erlangte sie auch Fühlung mit den englischen Radicalen, vornehmlich mit der „Democratic Federation," die sich socialistischen Schwärmereien zuneigte und in dieser Richtung sehr eifrige Agitation entwickelte. Auf Rackow's Anrathen legte sich dieser vorerst noch wenig verbreitete Verband, in dessen Executiv-Comité auch der bekannte österreichische Revolutionär Andreas Scheu Sitz und Stimme hatte, auf dem Jahresmeeting am 14. Mai den Namen „Socialdemocratic Federation" bei, mit dem Beschlusse, für die Begründung einer wahrhaften „Nationalpartei" thätig zu sein, welche, im Gegensatz zu den beiden herrschenden, nur selbstischen Interessen dienenden Parteien in der politischen und socialen Regeneration Englands ihre Lebensaufgabe finden solle. Bald darauf erließ diese Verbindung ein Manifest, in welchem sie volles Stimmrecht für alle mündigen Männer und Frauen, freien Unterricht, achtstündigen Normalarbeitstag, progressive Einkommensteuer, Verstaatlichung der Eisenbahnen, Errichtung von Nationalbanken, Nationalisirung des Grund und Bodens und dergleichen mehr forderte. Mit den deutschen Socialdemokraten und der französischen Arbeiterpartei unterhielt sie stetig vertraute Beziehungen.

Neu war es, daß socialistische Anschauungen sich unter den „trades unions" geltend machten. So erklärte die Londoner Section auf ihrem im April abgehaltenen Jahrestage die Nothwendigkeit der Begründung einer „politischen Arbeiterassociation", welche mit eigenen Candidaten eine selbständige Arbeiterpolitik zu treiben habe, da das bisherige Zusammengehen mit den Liberalen nur unzureichende Resultate gebracht hätte, und insbesondere in den letzten

Jahren keinerlei Zugeständnisse für die Arbeiter vom Parlament zu erlangen gewesen wären.

Auch die Bewegung für die Landreform, d. h. Nationalisirung des Landes, ergriff immer weitere Kreise, und aufmerksamer Beobachtung konnte es nicht entgehen, daß der Radicalismus in England mehr und mehr Fuß faßte und innerhalb desselben die verschiedenen Richtungen sich einander näherten.

Daß in einem Theile der englischen Arbeiter allmählich eine Wandlung der Anschauungen sich vollzog, ging wohl auch daraus hervor, daß bei einem großartigen Strike von etwa 100,000 Eisenarbeitern, welcher im Sommer von 1883 in Staffordshire ausbrach, Gewaltthätigkeiten sehr bedenklicher Natur vorkamen, deren weitere Ausdehnung lediglich die besonnene Intervention der trades unions vorzubeugen verstand.

In **Irland** selbst hatte die „Nationalliga" durch Bildung eines gleichartigen Verbandes in Amerika wesentliche Verstärkung erlangt. Auf einer am 25. und 26. April 1883 in Philadelphia abgehaltenen Zusammenkunft, welche von den irisch-amerikanischen Vereinen mit mehr als 500 Delegirten beschickt worden, kam es nämlich zu dem Beschlusse, die bisherige Landliga in eine „Irische Nationalliga von Amerika" umzuändern, um den heimatlichen Schwesterbund bei Verfolgung des allbekannten Parnell'schen Programms thatkräftig zu unterstützen. Die Annahme dieses gemäßigten Programms erfolgte wohl einerseits, weil selbst in Amerika die öffentliche Meinung unter dem Eindrucke der Londoner Explosion die Fortsetzung einer solchen Kampfesweise verurtheilte, andererseits, weil Parnell als Organisator und Führer der irischen Nationalliga an die Versammlung das dringende Ersuchen gerichtet hatte, sich innerhalb eines Rahmens zu halten, der ihm die Annahme der dargebotenen Unterstützung ermögliche, ohne der englischen Regierung Veranlassung zu Maßregeln gegen die neue nationale Bewegung zu geben. Bezeichnend war aber, daß der sogenannten Dynamitpolitik, welche bis dahin von der irisch-amerikanischen Presse eifrigst verfochten worden, in jener Versammlung mit keiner Silbe Erwähnung geschah, und daß auch Parnell sich gegen den ihm im englischen Parlament gemachten Vorwurf, er hätte um die Unterstützung der fenischen Umtriebe aus den Fonds der Landliga gewußt und dieselbe geduldet, nicht ausreichend zu vertheidigen vermochte. Im Uebrigen gelang es der englischen Regierung, der revolutionären Bewegung in Irland wenigstens zeitweise dadurch Herr zu werden, daß die Hauptagitatoren in Haft genommen und die Geheimbünde, welche in den letzten Jahren zahllose Verbrechen verübt hatten, wie die sogenannten „Unbesieglichen", die sich speciell die Ausführung der Phönixpark-Morde zur Aufgabe gestellt, ferner die „Irisch-patriotische Brüderschaft," der „Wachsamkeits-Ausschuß" und ähnliche Verbindungen aufgedeckt und ihre Mitglieder, soweit sie nicht nach Amerika entflohen, vor Gericht gezogen wurden. Darnach verminderte sich die Zahl der Gewaltthätigkeiten sehr merklich. —

Nach der Kunde von den anarchistischen Verbrechen in Deutschland und Oesterreich hielten sich die in London lebenden internationalen Revolutionäre sehr zurück, ja sie wagten kaum, an ihren gewohnten Versammlungsorten zu erscheinen, aus Furcht, daß vielleicht auch in England Maßregeln zu ihrer persönlichen Unschädlichmachung ergriffen werden könnten. Da sich aber nach einer gewissen Frist diese Befürchtung als gänzlich unbegründet erwies und sie die Ueberzeugung gewannen, daß sie in England noch immer gesicherter seien als in jedem andern Lande der civilisirten Welt, kamen sie aus ihren Schlupfwinkeln wieder an's Tageslicht und geberdeten sich bald ebenso frech, wie früher.

Die für Deutschland vornehmlich in Betracht kommenden beiden
socialrevolutionären Sectionen (I. und III.) des communistischen
Arbeiter=Bildungs=Vereins erlangten numerischen Zuwachs durch
zureisende Oesterreicher, soweit diese nicht zu besonderen Clubs sich
zusammenthaten. Und als auch der von uns schon erwähnte
Anarchist Josef Peukert in London erschien und als bewährter
Genosse die ihm willig zugestandene Leitung des etwas in Unordnung
gerathenen Vereinswesens übernahm, zeigte sich dieses wieder in
ernster Physiognomie. Jeder mußte seine Beiträge regelmäßig
entrichten, die politischen Discussionsabende wurden wieder auf=
genommen, und bei einer Erinnerungsfeier für den Mörder Stell=
macher erschollen ganz in der alten pathetischen Weise die Auf=
forderungen zur Rache an den Unterdrückern und zu schleunigen
neuen „Thaten".

Peukert's strenge, schier eiserne Disciplin aber behagte den
meisten Mitgliedern, die sich gewöhnt hatten, ihre Abende bei Bier,
Kartenspiel und wüsten Gesängen zu verbringen, auf die Dauer
keineswegs. Es kam zu Streitigkeiten, Peukert selbst fühlte sich in
seinen Erwartungen getäuscht und entfernte sich aus London, worauf
das Vereinswesen auf's Neue verlotterte. Die Mehrzahl der Mitglieder,
und das galt auch von den Angehörigen anderer Nationen, bedurfte
eben steter Anregung, und diese konnten oder wollten die in großer
Zahl vorhandenen Fanatiker nicht bieten, zogen es vielmehr vor, den
anarchistischen Grundsätzen gemäß, in kleinen intimen Kreisen ver=
brecherische Pläne zu schmieden.

Einen hohen Grad von Spannung erreichten die Beziehungen
zwischen den Radicalen und den gemäßigten Socialisten, welche zu
zahlreichen Prügeleien von Angehörigen beider Parteien führte.
Letztere hatten zum äußersten Verdruß der anderen mehrfach versucht,
die allgemeine Entrüstung über die Verbrechen der Anarchisten aus=

zudeuten, um für sich Reclame zu machen. So arrangirten sie z. B. eine großartige Demonstration am Todestage von Karl Marx (16. März 1884), an welcher auch die englischen socialdemokratischen Vereine Theil nehmen sollten, und luden dazu von Vollmar als Redner ein. Der projectirte Zug nach dem Grabe fiel aber ganz jämmerlich aus, da von vierzig eingeladenen englischen Vereinen blos zwei erschienen. Der Kirchhof blieb außerdem verschlossen und Frohme, der an Stelle Vollmar's eingetroffen, weil dieser keine Neigung fühlte, vor „Zahmen" zu sprechen, mußte sich darauf beschränken, im Freien eine kurze Rede zu halten. Als Ersatz für dies mißlungene Unternehmen wurde zu einem der nächsten Tage eine große Versammlung anberaumt, in welcher Frohme über social= politische Tactik und Anarchismus reden sollte. Es stellten sich jedoch die Radicalen in so bedrohlicher Menge dazu ein, daß Frohme es vorzog, sich gar nicht erblicken zu lassen, sondern heimlich abzu= reisen. Außer mehreren Vereinsfesten, die im Laufe des Sommers (1884) begangen wurden, ließ sich von der Thätigkeit der Gemäßigten in London nichts Erhebliches wahrnehmen. Von Wichtigkeit für Deutschland blieben sie wegen der ansehnlichen pecuniären Unter= stützung, die sie den Genossen spendeten.

Bei der englischen Arbeiter=Bewegung, einmal in Gang gebracht, lagen die Fortschritte Jedermann vor Augen. Gleich den deutschen socialdemokratischen Abgeordneten reisten die Führer der „Social-democratic Federation" unermüdlich im Lande umher, um immer mehr neue Anhänger zu gewinnen. Dies fiel ihnen um so leichter, als verschiedene Industriezweige schon seit lange in bedenklicher Krisis standen und Mittel zur Abhülfe vergeblich gesucht wurden. In mehreren Versammlungen sogenannter Arbeitsloser, wie in Manchester und London, an denen jedesmal ungefähr 10,000 Personen, also Massen Theil nahmen, wie sie in Deutschland noch unerhört sind, fanden die Auseinandersetzungen des Hauptagitators Hyndmann über die Vortheile eines socialistischen Staates ungetheilten Beifall. In Folge dessen erlangte diese Föderation täglich neue Mitglieder und bildete rasch eine ansehnliche Macht, namentlich seitdem sie sich gelegentlich ihres vierten Stiftungsfestes am 4. August 1884 mit der neuentstandenen „Liga für die Befreiung der Arbeiter" zu vereinigen beschlossen hatte.

Als das zu erstrebende erste Ziel wurde die Erweiterung des Wahlrechts, beziehentlich das allgemeine Stimmrecht hingestellt, wobei sie der lebhaftesten Unterstützung durch die Liberalen versichert sein durfte. Und dies war neben der über ganz Großbritannien verbreiteten Agitation für Nationalisirung von Grund und Boden das Bindemittel zwischen den Socialdemokraten und den trades unions, die sich im Uebrigen aus ihrer Ruhe und Bedächtigkeit nicht herauslocken ließen. Auf ihrem Jahrescongreß zu Aberdeen am 8. bis 13. September 1884 beschäftigten sich die trades unions nur mit der Ausdehnung der Haftpflicht, der Vermehrung der Fabrik- und Bergwerks-Inspectoren, der Regelung der Frauen- und Kinderarbeit und der Abschaffung der erblichen Privilegien aus der Verfassung.

Sehr enttäuscht dadurch erhoben die Socialdemokraten gegen die trades unions den Vorwurf, sie hätten nur für die „Arbeiter-Aristokraten" ein Herz, Vertreter der Arbeiter wären sie nicht.

Seitens der Fenier ward im Jahre 1884 von Amerika aus der Kampf gegen England mittelst Dynamit und anderer Schreckmittel fortgesetzt. Zahlreiche in London und anderen Städten stattgehabte Explosionen und Zerstörungen an Gebäuden, Eisenbahnen, Kirchen u. s. w. wurden erwiesenermaßen von ihnen in's Werk gesetzt, auch von ihrem Führer O'Donnovan Rossa ausdrücklich reclamirt mit der Versicherung, daß von dem einmal begonnenen

Unternehmen, Irland zu befreien, nimmermehr abgelassen werden
würde. Die Verhaftung zweier hervorragender Mitglieder des
Bundes der „Invincibles" (Unbesieglichen), Dealy und Egan, denen
die Begehung einer großen Anzahl von Verbrechen nachgewiesen
werden konnte, enthielt für Rossa nichts Abschreckendes, denn hinterher
folgten in England und Canada neue Dynamitattentate.

Die irische Nationalliga selber erblickte unentwegt das einzige
Heil in der vollkommenen Unabhängigkeit des Landes und fand,
wie zu erwarten, für die darauf abzielenden Agitationen starken
Rückhalt bei der „Irischen Nationalliga von Amerika," welche auf
ihrem von 400 Delegirten besuchten Jahrescongreß in Boston am
13. August (1884) sich neuerdings verpflichtete, den kämpfenden
Brüdern jede irgend mögliche moralische und materielle Hülfe auch
fernerhin zu leisten.

Sowohl diese rein politische, wie agrarische Bewegung hatten
aber durch Parnell's Bemühungen ihren gewaltthätigen Charakter
verloren, und wenn auch Agrarverbrechen fortwährend vorkamen,
so war man, vorläufig wenigstens, doch mehr geneigt, die Erlangung von Reformen auf parlamentarischem Wege zu versuchen.
Allerdings zeigten sich die amerikanischen Irländer damit sehr wenig
einverstanden und waren daher bemüht, eine active Umsturzpartei
zu bilden, welche neben der parlamentarischen, allein unabhängig
von derselben, wirken sollte. Was speciell die agrarische Bewegung
angeht, so hatte sich die Lage der Pächter in Folge der in Kraft
getretenen gesetzgeberischen Reformen schon einigermaßen gebessert.
Den Pächtern entstanden aber wieder Feinde in den Landarbeitern,
welche von ihren Vortheilen ebenfalls Genuß ziehen wollten, und
wurden hierin von einem hervorragenden Führer der Nationalliga,
Michael Davitt, und der irisch=amerikanischen Presse unterstützt,

während Parnell und dessen Anhang solche Bestrebungen für inopportun erklärten und sie bekämpften. —

Nachdem Hyndmann zur weiteren Ausbreitung der Macht der „Socialdemocratic Federation" die Vereinigung mit der Liga für die Emancipation der Arbeiter vollständig durchgesetzt, trat er, immer kühner geworden, im November 1884 mit einem sehr weitgehenden Programm hervor, dessen Hauptpunkte lauteten: Ernennung aller öffentlichen Beamten durch directe Wahlen; Gesetzgebung ausschließlich durch das Volk; Abschaffung des stehenden Heeres; freier obligatorischer, rein weltlicher Unterricht; unentgeltliches Gerichtsverfahren; Collectiveigenthum an Grund und Boden, Bergwerken, Eisenbahnen ꝛc.; Unabhängigkeits-Erklärung Irlands u. s. w. Anfangs 1885 aber entstand eine Spaltung in dem Bunde, verursacht theils durch das dictatorische, in jeder Hinsicht eigenmächtige Gebahren Hyndmann's, theils durch die internationalistischen Gelüste des in dem Bunde befindlichen Marxisten Aveling, wie schon bemerkt, eines der drei Schwiegersöhne des Carl Marx, in neuester Zeit durch seine mit Liebknecht nach Amerika unternommene fabelhaft luxuriöse Agitationsreise selbst im Lande der Yankees anrüchig geworden. Aveling und Anhänger schleuderten einen Protest gegen den vorgenannten Führer, und da dieser dem Widerspruch trotzte, schlossen sie sich von der Federation aus, um einen neuen Verein unter dem Namen „Socialistische Liga" zu gründen. Diese schrieb die internationale socialistische Revolution auf ihre Fahne, weil, wie in einem Manifest näher entwickelt wurde (selbstverständlich mit allerlei Trugschlüssen,) keine der geschichtlichen und gegenwärtig üblichen Staatsformen die socialen Zustände zu heilen vermöge und alle Arbeiter ohne Unterschied der Nationalität und Race nur Bedrückte und Betrogene seien, die sich zu einem Weltkampfe zusammen thun müßten. Zur Unterstützung der für diese Liga sehr eifrig betriebenen Agitation gründete Aveling auch ein eigenes Blatt „Commonweal", zu dessen vornehmsten Mitarbeitern Liebknecht gehörte.

Nun entstand ein Wettstreit zwischen beiden Verbänden, infolge dessen sich auch die „Socialdemocratic Federation" immer mehr nach links drängen ließ. Auf den von ihr arrangirten Volksversammlungen wurde, gerade wie bei denen der Liga, offen ausgesprochen, daß man zur Erreichung seiner Forderungen Gewalt anwenden müsse. Aber die von Hyndmann erhoffte Wiedervereinigung der Getrennten fand nicht statt. Im Gegentheil sonderte sich von seinen etwa 3000 Angehörigen noch eine Anzahl ab, als es sich herausstellte, daß er sich bei den Wahlen von den Tories hatte bestechen lassen. Sein Werk vornehmlich war es, daß unter den zehn in Folge der Wahlreform in das Parlament gelangten Arbeiter-Vertretern nicht Einer socialistischen Verbindungen angehörte. Ferner ging aus der „Socialdemocratic Federation" noch die „Socialistic Claque" mit etwa 300 Mitgliedern hervor, wogegen die im September 1885 zusammengetretene „Fabian Society" ihm keinen Abbruch gethan hat, denn sie recrutirte sich größtentheils aus Nichtarbeitern.

Die „Land Restauration League" agitirte speciell für Aufhebung der Latifundien, beziehentlich der obwaltenden Landeigenthumsverhältnisse, und fand mit ihren Bestrebungen viel Beifall bei den zahlreichen beschäftigungs- und besitzlosen Individuen der Städte. Sie hatte auch einen reellen Erfolg ihrer Thätigkeit insofern zu verzeichnen, als das Parlament die Frage der Aufhebung der Latifundien und deren Verwandlung in kleinere bäuerliche Güter ernstlich in Angriff nahm.

Endlich bildete sich in London im Frühjahr 1885 auch eine Gruppe englischer Anarchisten mit einem nach ihnen benannten Preßorgan „The Anarchist".

Die überwiegende Mehrzahl der englischen Arbeiter hatte sich, von Natur geneigt, am Hergebrachten festzuhalten und Neuerungen mit Mißtrauen zu betrachten, lange gegen die Aufnahme socialistischer und revolutionärer Lehren gesträubt. Mit der Zeit jedoch machten die Vorgänge um sie herum und in andern Ländern, wie die immer dringlichere Erkenntnis der Verbesserungsbedürftigkeit ihrer eigenen Lage ihren Einfluß geltend, und es begann seit 1885 eine Wandlung, die um so vollständiger zu werden droht, je langsamer und überlegter sie vor sich geht und je rastloser die Agitation der mit Geldmitteln reichlich versehenen Matadore der hier vorgeführten Organisationen verfährt, leider auch in der Untergrabung des altenglischen Sinnes für strenge Gesetzlichkeit. Als z. B. im August 1885 wegen Verkehrsstörung gegen Versammlungen auf öffentlichen Straßen im Osten Londons von der Polizei eingeschritten wurde, fanden schon in den nächsten Tagen auf denselben Straßen großartige Protestversammlungen gegen die „willkürliche Verkürzung der Rede- und Versammlungsfreiheit" statt, an denen bis 60,000 Menschen theilnahmen, welche jedes Mal mit Hochrufen auf die sociale Revolution sich entfernten. In den ersten Tagen des Februar 1886 rief Hyndmann auf Beschluß der „Socialdemocratic Federation" sämmtliche „Arbeitslose" nach den großen Plätzen im Westende zusammen, um ihnen an den dortigen Palästen und reich ausgestatteten Läden den Gegensatz von arm und reich ad oculos zu demonstriren und die Verwerflichkeit der heutigen socialen Zustände so eindringlich zu schildern, daß es am 8. Februar nur eines geringen Anstoßes bedurfte, um auf dem Trafalgarsquare und den umliegenden Straßen die aus den Zeitungen hinlänglich bekannten Scenen der Zerstörung und Plünderung herbeizuführen, welche bald darauf in Manchester und Leicester und einige Zeit nachher in Belgien und Amerika Nachahmung fanden. Auch die etwa 600,000 Mitglieder zählenden „Trades Unions" vermochten nicht, sich der Einwirkung der socialistischen Agitation länger zu entziehen; sie sind immer mehr zu der Ueberzeugung gebracht worden, daß die heutige sociale Ordnung gründlicher Aenderung bedürfe und sie selbst an einer Krisis angelangt wären, die sie zu einer erheblichen Modification ihrer seitherigen Principien zwinge, falls sie nicht von der immer höher steigenden Flut der Arbeiterbewegung weggeschwemmt werden wollten. Ueber dies Thema haben sie bereits auf ihrem 18. Jahrescongreß in Southport am 7. September 1885 eingehende Berathungen gepflogen und das Ergebnis derselben in einem Manifest niedergelegt, welches verschiedene absolut socialistische Forderungen aufgenommen hat, während ihre Stimmführer noch wenige Monate vorher mit der Durchsetzung der auf dem von uns erwähnten Congreß zu Aberdeen erhobenen, keineswegs rein socialistischen Ansprüche befriedigt zu sein gedachten. Nun im beschleunigteren Tempo auf eine schiefe Ebene gerathen, ist die Zeit fast genau zu berechnen wo sie vom Radicalismus völlig umschlungen werden.

Von den in England lebenden fremdländischen, theils nach Landsmannschaften geordneten, theils in internationalen Clubs vereinigten Revolutionären blieben die Deutschen die rührigsten und opferwilligsten, so lange sie von energischen Personen geleitet wurden. Und an solchen fehlte es eigentlich nie, denn Peukert kehrte abermals nach London zurück, und im December 1884 fand sich auch der aus der Schweiz verwiesene Neve wieder dort ein. Dem Einfluß dieser Agitatoren gelang es trotz mancherlei Widerwärtigkeiten, während der ersten vier Monate 1885 reges Parteileben zu entwickeln und für die revolutionäre Propaganda in der Heimat durch Schriftenverbreitung, Geldsammlungen ꝛc. zu wirken. Auf die Dauer war aber Einigkeit nicht zu erhalten. Sowohl in der ersten und dritten Section des communistischen Arbeiter-Bildungsvereins, als in den internationalen Clubs bildeten sich allmählich Cliquen, welche theils gegen die Führerschaft des ebenso herrschsüchtigen als eisernen Peukert intriguirten, theils aus Eifersucht und sonstigen persönlichen Gründen sich gegenseitig zu bekämpfen begannen. Hierzu kam, daß nicht Wenige der fortwährenden Aufreizungen und Geldansprüche, ohne daß die dafür in Aussicht gestellten „Thaten" folgten, müde wurden. Versuche, die Streitigkeiten und Zwistigkeiten beizulegen, scheiterten vollends durch die Machinationen Most's, der in Peukert den „ebenbürtigen" Rivalen haßte, und so erfolgte im Mai 1885 der offene Bruch zunächst zwischen Mostianern und den Anhängern Peukert's. Dieser sammelte eine neue rein anarchistische Gruppe unter dem Namen „Autonomie" um sich, welche keinerlei Autorität anzuerkennen und, ohne das sonst übliche Beiwerk geselligen Zusammenlebens, lediglich für die Ausführung von „Thaten" in Deutschland und Oesterreich — „damit der deutsche Michel nicht etwa wieder einschlafe" — zu wirken gelobte. Dieser Gruppe traten alsbald 35 specielle Anhänger Peukert's aus den drei erwähnten Sectionen bei, darunter der frühere Expedient der „Freiheit", der durch seine Verwegenheit von den Genossen respektirte Knauerhase, nun Expedient des von Peukert in unregelmäßigen Zwischenräumen herausgegebenen „Rebell". Der Trennung Peukert's folgte noch eine Absonderung, indem 15 Mitglieder des internationalen Clubs unter Führung Neve's und Dave's ebenfalls einen selbstständigen Verein bildeten, so daß vorläufig, wie sich die Secessionisten auszudrücken beliebten, in dem alten Club nur „das Geschmeiß" zurückblieb. Die erste, sonst stärkste Section des communistischen Arbeiterbildungsvereins, aus unbedingten Anhängern Most's bestehend, schmolz auf etwa 80 Mitglieder zusammen. Die Gründung der „Londoner Arbeiterzeitung" (1886) sollte ihr wieder neue Kräfte zuführen. Die dritte Section verwandelte sich in einen auch Nichtsocialisten Zutritt gewährenden Club „Zur Morgenröthe."

Da alle Revolutionäre von socialistischem Schlage im Grunde dasselbe Ziel verfolgten, so fehlte es nicht an Bemühungen, die Getrennten wieder zu vereinigen, indem nur auf diese Weise eine „würdige" Action ausführbar wäre; und die Märzfeier 1886 erschien als geeignete Erprobung des thatsächlichen Erfolges dieser Bemühungen. Wirklich betheiligten sich sämmtliche deutsche Clubs mit den Engländern, Franzosen, Italienern und Slaven — hierunter der allbekannte Fürst Krapotkin — insgesammt etwa 2500 Mann, an dieser Feier, jedoch nur, weil die Mehrzahl hoffte, daß letztere das Signal zu einem „anständigen" Krawall geben würde, den Niemand versäumen wollte. Es kam aber nach heftigen Fanfaronaden blos zur Abfassung einer der üblichen Resolutionen, welche den raschen Sturz „der auf brutaler Gewalt und gemeinem Schwindel begründeten Klassenherrschaft durch gemeinsame gewaltsame Action aller Unterdrückten" für nothwendig erklärte. Ferner unterzeichneten sämmtliche deutsche Clubs ein von Dave in verschiedenen Sprachen abgefaßtes aufreizendes Flugblatt an die belgischen Genossen. Peukert verfaßte eine für Deutschland bestimmte Flugschrift „An die Hungrigen und Nackten" auf Kosten seiner Gruppe. Im Uebrigen schien er über seine Gründung wenig erbaut zu sein, denn seine Briefe klangen ziemlich kleinlaut, und er suchte Annäherung an die Gemäßigten. Seine direkten Verhandlungen mit deren Führer Rackow brachten aber nicht die gewünschte Vereinbarung zu Wege.

Am gefährlichsten für Deutschland erwiesen sich Dave und Neve. Beide beschäftigten sich mit der Einschmuggelung anarchistischer Schriften nach dem Festlande und mit Attentatsplänen. Beide bereisten auch persönlich zu wiederholten Malen Belgien und Deutschland und standen in unausgesetztem und regstem Briefwechsel mit einer Anzahl Genossen in verschiedenen Städten.

Die Thätigkeit der in London befindlichen außerdeutschen Revolutionäre bot in den beiden letzten Jahren kein näheres Interesse für Deutschland.

Inzwischen hörten die Fenier nicht auf, durch Dynamitattentate wie im November 1884 gegen das Stadthaus von Boyton, im December gegen die London Bridge, im Januar 1885 gegen die unterirdische Londoner Eisenbahn, den Tower und das Parlaments-Gebäude, sowie durch Aussetzung eines Preises auf den Kopf des Prinzen von Wales, Beweise für die Fortdauer ihres unversöhnlichen Hasses gegen England zu geben. Das Executivcomité der irisch-amerikanischen Liga hatte übrigens seinen Sitz nach Paris verlegt, wo auch Ende Februar 1885 eine Berathung der drei Gruppen Fenier, Invincibles und Clan na Geal unter starker Betheiligung von amerikanischen Delegirten gepflogen und beschlossen wurde, die Attentate in immer größerem Maßstabe, auch gegen englische Kriegsschiffe, fortzusetzen. Wie zu erwarten, trat darnach in Irland selber keine Stockung in die auf Emancipation des Landes von England gerichteten Bestrebungen ein, und Aveling's socialistische Liga drückte diesen nicht blos ihre Sympathien aus, sondern verhieß ihnen auch Unterstützung durch angemessene Agitation. In der agrarischen Bewegung dagegen neigte sich Parnell, gestützt auf die bereits erzielten Erfolge, immer mehr der Lösung seiner Aufgabe auf parlamentarischem Wege zu, wogegen Davitt dabei beharrte, daß nur auf dem Wege der Gewalt Ersprießliches erreicht werden könnte. In seinem Sinne wurden deshalb nach wie vor Agrarverbrechen verübt.

Aber in der letzten Zeit, die hier vor uns liegt, schien unter den Feniern die Hoffnung emporgekommen zu sein, daß, nachdem die Regierung die Regelung der irischen Frage in Angriff genommen, wenigstens ein Theil ihrer Wünsche möglicher Weise erfüllt werden könne. Wenigstens deutete man selbst in England in dieser Weise ihr unerwartet eintretendes stilles Verhalten, das sich ebenso in Irland wahrnehmen ließ, nur zeitweise durch ein Agrarverbrechen und später durch Streitigkeiten mit den protestantischen Orangisten unterbrochen.

Schließlich soll nicht unerinnert bleiben, daß in Schottland schon seit Jahren, ähnlich wie in England und Irland, unter den Pächtern für die Herabsetzung der Pachtzinse und Expropriation des Grundeigenthums zu ihren Gunsten agitirt ward, und daß sich zu diesem Behufe eine mit der englischen socialistischen Liga in enger Verbindung stehende „Land and Labor League" gebildet hatte, welche ihre Unzufriedenheit über die derzeit noch immer nicht eingetretene völlige Erfüllung ihrer Forderungen in erheblichen Ausschreitungen, namentlich in Brandstiftungen, kund that.

XIII.

Nordamerika.

In Nordamerika gewann der Socialismus nicht die Fortschritte, welche nach den Anfängen erwartet werden konnten, weil den amerikanischen Arbeitern rein gewerkschaftliche Verbände ohne politisches Beiwerk, wie sie im Jahre 1882 bereits fast in allen Handwerken bestanden, zur Erreichung ihres Zwecks, der Hebung sittlicher und leiblicher Wohlfahrt, geeigneter erschienen. Glänzend freilich war die Lage der meist aus Deutschen bestehenden „socialistischen Arbeiterpartei" noch nicht gewesen, weshalb auf dem Congreß in Baltimore am 26. December 1883, an welchem 16 Delegirte von 23 Sectionen mit etwa 10,000 Mitgliedern theilnahmen, eine energischere Agitation durch Flugschriften einzuleiten, den Sectionen größere Autonomie zu gewähren, sowie ihre Verfassung zu vereinfachen beschlossen wurde. Infolge dessen hatte das im Laufe des nächsten Jahres in Newyork domicilirte, aus 7 Mitgliedern bestehende Nationalcomité lediglich den Verkehr zwischen den einzelnen Sectionen aufrecht zu erhalten und für die Propaganda zu sorgen, während zur Schlichtung von Streitigkeiten ein besonderer Ausschuß von 7 Mitgliedern in St. Louis eingesetzt ward. Die gewerkschaftlichen Verbände dagegen erhielten weitere Förderung dadurch, daß vom 17.—19. Mai 1883 die Cigarrenarbeiter in Newyork zusammentraten, um sich, aber auf Grund eines gemäßigt socialistischen Programms, als „Cigarmaker Progessive Union of America" zu constituiren, und die Kohlengräber am 16. und 17. Mai in Pittsburgh, um ihre verschiedenen Organisationen zu einer „Amalgamated Association of Mines of the United States" zu vereinigen.

Große Einbuße erlitt die „socialistische Arbeiterpartei" infolge der rastlosen Agitation Most's und seiner Spießgesellen, welcher die seit Anfang Mai überall ausbrechenden Strikes ganz besonders förderlich waren. In Chicago, Cleveland und Pittsburgh, dem amerikanischen Birmingham, gelang es der Rotte Most, jene Partei gleichsam im Handumdrehen zu sprengen, und ward die zunehmende Desorganisation der gemäßigten Socialisten die Hauptveranlassung, daß ihr langjähriger Führer, Philipp von Patten, Hand an sich legte oder doch auf Nimmerwiedersehen verschwand. Aus den Trümmern der socialistischen Partei aber bildeten sich Contingente der Revolutionäre dort, wie in Newyork, Philadelphia, Cincinnati, Detroit, St. Louis, Baltimore, Buffalo und einigen andern Orten von geringerer Bedeutung, wo fast überall Most persönlich haranguirt hatte. Und damit keine der frisch zusammengetriebenen Compagnien den socialrevolutionären Häuptlingen verloren ginge, auch alle untereinander in steter Verbindung verblieben, errichtete Most in Chicago ein sogenanntes „Informationsbureau der socialrevolutionären Föderation von Nordamerika", dessen Geschäfte je zwei Secretäre für die deutsche und englische Sprache, und je einer für die französische, czechische und scandinavische besorgten. Dies Büreau leitete auch die Vorarbeiten zur Constituirung der „Amerikanischen Föderation der Internationalen Arbeiterassociation".

Dem Gefühle der internationalen Solidarität ward unter Anderm dadurch Ausdruck verliehen, daß am 29. März 1883 in Newyork zu Ehren des Karl Marx eine Feierlichkeit in Scene ging, welche Socialisten aller Länder und Observanzen zusammenführte, während der Jahrestag der Pariser Commune am 18. März festlich begangen worden war. Bei diesem hielt Most die Festrede selbst, welche mit der Apostrophe schloß, daß es Pflicht des Proletariats sei, an der Ueberzeugung von der Nothwendigkeit fest zu halten, den Reactionären die Köpfe abzuschlagen, wenn die Revolutionäre nicht selber ihre Köpfe gefährden wollten.

Uebrigens vermehrte sich die internationale Association bald durch Zuzug aus England und der Schweiz, und nun entstand in Newyork ein „Internationales Revolutionscomité" zur Vorbereitung des Vernichtungskrieges gegen die europäische Gesellschaft. Außerdem sammelte die erstere Geld zur Errichtung einer Höllenmaschinen- und Bombenfabrik in Philadelphia.

Die Reste der „Socialistischen Arbeiterpartei" sammelten sich aber auch wieder und leisteten den Revolutionären entschiedenen Widerstand, wobei ihnen allerdings die Situation der gewerkschaftlichen Verbände zu Statten kam, die sich ebenfalls der zwar an Zahl weit geringeren, doch an fanatischer Durchtriebenheit und Ausdauer sehr überlegenen Partei der Internationale zu erwehren hatten. Eigentliche Amerikaner zählte indeß die letztere nur wenige, sie bestand vornehmlich aus Deutschen und Oesterreichern. Als stärkste und für Deutschland gefährlichste Section zeigte sich fortwährend die in Newyork unter Most's persönlicher Leitung befindliche, welche die ebenso wahnwitzigen als verbrecherischen Ideen in der von ihm herausgegebenen „Freiheit" vollständigst theilte. Auf ihre Anregung fand am 11. Februar 1884 ebendort eine Versammlung von ungefähr 500 Deutschen und Oesterreichern statt, welche mit einer Glorificirung des Mörders Stellmacher und der Empfehlung an die Oesterreicher endete, ihren Kaiser und die gesammte Aristokratie und Bourgeoisie bis auf den letzten Keim zu vertilgen. Diese Section beschaffte auch Gelder zu den Agitationen, welche von Amerika aus in Oesterreich und Deutschland ins Werk gesetzt wurden.

Die Veröffentlichung des bereits erwähnten Stellmacher-Plakats rief jedoch eine andere Bewegung hervor, als Most erwartet haben konnte; es sagten sich nämlich in Folge dessen mehrere Sectionen der Internationale von ihm los und traten theils zur „Socialistischen Arbeiterpartei" wieder zurück, theils ihr nun erst bei. Auch sein guter Freund Paul Grottkau, ein geriebener Demagoge, kehrte ihm den Rücken, um ihn und die Anarchisten in der ihm zur Verfügung stehenden Presse zu bekämpfen.

Nebenbei bemerkt: Exemplare des Stellmacher-Plakats wurden sogar in Alexandrien in Aegypten vorgefunden, und hat muthmaßlich diese Thatsache zu der anderwärts aufgestellten Behauptung verleitet, daß der Anarchismus dort ebenfalls Fuß gefaßt habe, und — wird zugesetzt — auch in Australien. Beides bestreiten wir aber aus dem Grunde, weil darüber noch keinerlei verbürgte Wahrnehmungen vorliegen.

Die gewerkschaftlichen Verbände hatten sich nach verschiedenen Mitgliederverlusten, die sie Most anrechnen durften, am Ende des Jahres 1884 doch so weit wieder gestärkt, daß sie die stattliche Zahl von rund 650,000 Mitgliedern aufwiesen. Diese Organisationen repräsentirten gewissermaßen die Elite des Arbeiterstandes, consequent darauf bedacht, eine Verbesserung ihrer Lage nur auf friedlichem Wege zu erreichen, und zwar durch Einführung eines achtstündigen Arbeitstages, der in einigen Branchen schon bestand, ferner durch Schulzwang, Verbot der Frauen- und Kinderarbeit, gesetzliche Regelung des Lehrlingswesens und der Haftpflicht, Arbeitsstatistik und ausgiebigere Vertretung in den gesetzgebenden Körperschaften. Um diesen Wünschen durch Entfaltung ihrer Stärke Nachdruck zu verleihen, veranstalteten sie von Zeit zu Zeit große Aufzüge, an denen gewöhnlich 15—20,000 Personen Theil nahmen.

Aber wie fest die Grundsätze dieser Verbände auch erschienen, die schon lange Zeit währende Geschäftsstockung in zahlreichen Industriezweigen und die ihr folgende Arbeitslosigkeit rüttelte daran nicht am wenigsten, so daß einige Newyorker Gewerkschaften sich verleiten ließen, den Lockungen der internationalen Arbeiterassociation nachzugehen und mit ihr Verbindungen anzuknüpfen. Andererseits wirkte das durch geschickte Wanderredner vermittelte stetige Anwachsen der socialistischen Arbeiterpartei verführerisch, ingleichen das seit 1885 von dieser veröffentlichte, gut ausgestattete und inhaltreiche Blatt, der „Socialist". Mit dem Erscheinen desselben ließ sich der Standpunkt letzterer genau bezeichnen: es war der der deutschen Socialdemokratie, bevor deren Schiboleth das Princip des gewaltsamen Umsturzes geworden, das zur Umsetzung in die Praxis mit Ungeduld des rechten Momentes harrt. Die amerikanische Partei unterstützte dabei die Bestrebungen der deutschen durch erhebliche Geldbeiträge, feierte deren Erfolge gleichsam als die ihrigen und stand der internationalen Arbeiterassociation ebenso schroff gegenüber, wie bis vor einiger Zeit die deutsche Socialdemokratie in Summa den Anarchisten. Der Leser weiß ja, daß dies gegenwärtig nur noch bei einem Theile der letzteren der Fall ist, ohne daß sich sagen läßt, wie lange dessen Abneigung gegen die Männer der „That" dauern wird. Zum Belege des feindseligen Standpunktes der amerikanischen Arbeiterpartei gegen die Internationale erinnern wir an das von ihr arrangirte große Protestmeeting gegen die Dynamitpolitik am 2. Februar 1885, wobei das freche Auftreten Most's und seines Anhanges eine furchtbare Schlägerei veranlaßte,

welche diesem weniger gut bekam als den Socialisten. Dies Protest=
meeting überraschte um so mehr, als Niemand an die Abneigung
ihrer Urheber gegen Anwendung von Gewaltmitteln glaubte, denn
gelegentlich des in den letzten Monaten des verflossenen Jahres
(1884) in den Kohlen= und Eisenrevieren des Staates Ohio statt=
gefundenen Strikes wurden gerade von ihren Genossen nicht nur
eine Menge Gebäude durch Sprengung und Brandlegung verwüstet,
sondern auch blutige Kämpfe gegen die zur Herstellung der Ordnung
herbeigerufenen Milizen geführt. Was Wunder, wenn der kalt=
blütige Yankee über die verschiedenen Programme die Achseln zuckte,
da er ohne Unterlaß gewahrte, wie wankend und wackelig die
Principien Aller waren!

Sehr günstig wurden Geschäftsstockung und Arbeitslosigkeit
auch der internationalen Arbeiterassociation, wenn man den ein=
schlägigen Nachrichten in ihren Hauptorganen, dem „Vorboten",
der „Freiheit", der „Parole", der „Zukunft" und dem englisch
geschriebenen „Alarm" trauen durfte. Danach waren im Frühjahr
1885 die Vereinigten Staaten mit einem vollständigen Netz von
Sectionen dieser im höchsten Grade gemeingefährlichen Verbindung
überzogen. An der Spitze der geistigen Leitung behauptete sich
noch Most, umgeben von einem Stabe, den die Namen, Schwab,
Hasselmann, Mertens und Schultze-Bern hinreichend kennzeichnen,
alles Leute würdig ihres Hauptmanns. Diese überwachten zugleich
den „technischen Club" in Newyork, eine geheime Anstalt zur Her=
stellung und Prüfung von Explosivstoffen und Giften. Wenn aber
trotz aller Anstrengungen Thaten, wie sie „das Revolutions=Comité",
diese scheußliche Rotte, empfahl und plante, in Europa nicht öfter
zur Ausführung gelangten, so war das hauptsächlich dem Umstande
zu verdanken, daß die zusammengetriebenen Gelder zu auswärtigen
Unternehmungen nicht ausreichten, vielmehr größtentheils in Amerika

selber verbraucht wurden. Das Ausbleiben großer Thaten jedoch und das dictatorische, jede Controle schroff ablehnende Benehmen des Most rief schon im Winter 1884 bis 1885 erhebliche Unzufriedenheit mit seiner Oberleitung hervor. Verschiedene Mitglieder der ersten (Newyorker) Section hielten sich für ebenso bedeutend (scilicet verworfen) und befähigt, wie er, und bereiteten ihm unausgesetzt Verlegenheiten, um ihn wo möglich zu beseitigen und sich selber der Leitung des Ganzen zu bemächtigen. Die der genannten Section angehörigen Oesterreicher, seine Hauptgegner, traten aus und stifteten einen eigenen Anarchisten-Verein; ein neues Unternehmen, welches er, um sich für alle Fälle zu sichern, ins Leben zu setzen gedachte, nämlich die Gründung eines „Internationalen Zeitungsvereins", drohte an Geldmangel zu scheitern; die „Freiheit" arbeitete dauernd mit Deficit — kurz, die Situation gestaltete sich in jeder Hinsicht für ihn nachtheilig. Seiner rücksichtslosen und findigen Energie gelang es aber, aus allen diesen Schwierigkeiten sich wieder herauszuziehen. Die Malcontenten wurden besänftigt, die Dissidenten kehrten zurück, sein neues Project ward gesichert, und die „Freiheit" konnte seit dem 1. Juli 1885 sogar in doppelter Ausgabe erscheinen, in einer achtseitigen für Amerika und in einer vierseitigen für Europa. Most stand im Vollbesitz seiner vorherigen Gewalt da. Die Kopfzahl seiner Truppen betrug nahe an zehntausend, einschließlich der „Workingman-Association" (meistens Engländer und Irländer), in 120 Gruppen mit den Hauptquartieren Newyork, Cincinnati, Chicago, St. Louis, Milwaukee, Pittsburgh und St. Francisco.

Inzwischen waren zwei andere Verbände in rapider Weise zu einem Umfange gediehen, der die Augen gleichsam der ganzen Welt auf sich lenkte, vornehmlich der der „Knigths of labor" (Ritter der Arbeit). Er umfaßte im Sommer 1885 bereits mehr als 500,000 Mitglieder. Sein Wahlspruch lautete: „Verletzung Eines ist Verletzung Aller"; er verpflichtete seine Angehörigen zur Vermeidung jedweder Eigenmächtigkeit und Gewalt, wollte seine Aufgabe lediglich auf dem Wege allezeit friedlicher Vereinbarung und bei Conflicten durch Schiedsgerichte lösen, um die für Arbeitgeber und Arbeitnehmer gewöhnlich gleich verderbliche Selbsthülfe durch Strikes zu verhindern. Nur im äußersten Nothfalle, und auch dann erst nach eingeholter Genehmigung des „Generalraths" sollten Arbeitseinstellungen angewendet werden.

In der europäischen Presse drückten sich Staunen und Bewunderung aus, ein so kolossaler Verein mit conservativer Tendenz imponirte ihr gewaltig, man träumte von dem vitalsten Einflusse desselben auf die gesammte Arbeiterbewegung, man war sogar der unwiderstehlichsten Rückwirkung auf die deutsche Socialdemokratie gewiß. Vielleicht, wenn sich diese Ritterschaft nur aus homogenen Elementen zu recrutiren vermocht hätte! Aber wie wäre denn das bei solcher Ausdehnung in einem Lande wie Nordamerika möglich gewesen und bei der rührigen Existenz anderer Parteien, auch der rein politischen? Nein, diese Ritterschaft war von Hause aus nicht im Mindesten des Aufhebens werth, das man in Europa von ihr machte. Nur zu bald kennzeichnete sich die Verschiedenheit ihrer Bestandtheile: Republikaner und Demokraten, Schutzzöllner und Freihändler, gemäßigte Socialisten und Revolutionäre zogen hier zwar an Einem Strange, doch in entgegengesetzten Richtungen. Und unter einander uneinig, geriethen sie auch rasch in Hader, nicht blos mit den gegen sie ankämpfenden Parteien, sondern selbst mit solchen, von denen sie keinerlei Provocationen nachzuweisen vermochten, z. B. mit den Gewerkschaften außerhalb der unten zu benennenden Föderation. Kurz, der Bund der Ritter von der Arbeit trug schon im Werden die Keime der Zersetzung in sich.

Bis zum Beginn des Jahres 1886 gelang es, die äußere Einheit aufrecht zu erhalten. Da plötzlich strikten in Cincinnati 200 Schneider, ohne bei dem Generalrath deshalb vorstellig geworden zu sein. Dieses Vorkommnis war gefährlich, es durfte nicht ohne Strafe verlaufen, und man stieß die eigenmächtigen Schneider aus dem Bunde. Das schreckte jedoch keineswegs so ab, wie erwartet wurde. Und als im März in St. Louis die gesammten 9000 Arbeiter und Beamte der dort einmündenden Eisenbahnen, darunter 6000 Arbeitsritter, ohne vorherige Kenntnis und Genehmigung des Generalrathes die Arbeit einstellten, wodurch der gesammte Verkehr in mehreren Staaten auf Wochen zum Stillstand kam, da der Weiterbetrieb durch andere Arbeiter verhindert wurde, da — sagen wir — wagte der Generalrath nicht mehr, gegen die Ungehorsamen einzuschreiten, weil er mit allem Fug die augenblickliche Auflösung des Bundes befürchtete. Doch die Ueberzeugung brachte sich zur Geltung, daß die bisherigen Statuten unhaltbar seien und man zu einer Umänderung derselben ad meliorem fortunam schreiten müsse. Dermalen steht es aber so, daß der vollständigen Zerbröckelung des Bundes entgegengesehen werden darf, zumal der sehr einflußreiche, übrigens durch und durch revolutionär-socialistische Schriftsteller Henry George dafür agitirt und die ebenso gesinnte Mitgliederzahl die Conservation weit überragt. Die noch vorhandene Zahl der letzteren wird mit 80,000 angegeben.

Der zweite jener rasch angewachsenen Verbände ist die ungefähr 300,000 Mitglieder zählende Föderation der organisirten „Trade and Labor Union", auch „Central Labor Union" genannt. Ihre Einrichtung ähnelt den deutschen Fachvereinen, sie wollte satzungsgemäß auch nie den Boden der Gesetze verlassen, hielt nichts destoweniger häufige und sehr umfangreiche Strikes für sehr zweckmäßig, um auf die Arbeitgeber einen erfolgreichen Druck auszuüben.

Diesem Grundsatz entsprechend, wurden dann vom Frühjahr 1885 bis dahin 1886 zahlreiche Arbeitseinstellungen der einzelnen zur Centrale getretenen Gewerkschaftsverbände in den Staaten Ohio, Illinois, Michigan, Pennsylvania und Maryland angeordnet und durchgeführt, an denen in einzelnen Fällen über 50,000 Personen betheiligt waren.

Nach einer annähernd richtigen Berechnung vertheilen sich übrigens im Jahr 1886 die Striker in den Vereinigten Staaten auf die verschiedenen Gewerbebetriebe wie folgt: In den Schlächtereien und Pökelanstalten striften 57,300 Mann; in den Webereien 51,200; in Maschinen-Anstalten 48,200; im Bergwerksbetrieb 37,600; im Baugewerbe 31,700; beim Transportwesen 26,800; im Möbelgeschäft 18,600; im Leder und Schuhgeschäft 17,000; in der Stahl- und Eisenindustrie 13,500; in der Cigarren- und Tabaksbranche 12,000; in der Näherei 10,000; Holzarbeiter 10,000; Handschuhmacher 6000; Clavierbauer 3000; Zuckersieder 2500; Bierbrauer 2000, in Wäschereien 15,000. Es striften demnach im genannten Jahre 362,400 Arbeiter. Der Verlust aber, den sie sich und ihren Arbeitgebern zufügten, wurde auf 50 und etliche Millionen veranschlagt.

Die „Labor Unions" standen übrigens unausgesetzt zu den ihnen nicht angehörigen Gewerkschaften auf dem Kriegsfuße, wogegen sie mit der socialistischen Arbeiterpartei, die in mächtigem Aufblühen begriffen war, im besten Einvernehmen lebten. Beide beschlossen unter Anderem nach vorherigem Austausche der Ansichten, auf ihren Jahrescongressen zu Washington am 12. December 1885 und Cincinnati am 5. October 1885, vom 1. Mai des nächsten Jahres an einen achtstündigen Arbeitstag zu fordern und im Falle der Nichtbewilligung desselben eine Generalarbeitseinstellung. Sie luden auch die „Knights of Labor" zur Betheiligung ein, zu welcher sich aber der Generalrath sehr kühl verhielt, obgleich er eine wesentliche Verkürzung der Arbeitszeit für wünschenswerth erklärte. Das hielt die beiden Verbündeten nicht ab, die lebhafteste Agitation, insbesondere durch Verbreitung einer ad hoc verfaßten Broschüre und durch Entsendung von Wanderrednern, bis zum 1. Mai ununterbrochen fortzusetzen. Zugleich versahen sich die Mitglieder der socialistischen Arbeiterpartei laut Congreßbeschluß mit Waffen, um den Behörden Widerstand zu leisten, falls sie von diesen mit Gewalt an der Durchführung ihres Vorhabens gehindert werden sollten.

Ganz aus freien Stücken nahm die „Internationale Arbeiter-Association" zu der Agitation Stellung, indem sie dieselbe als eine Blödsinnigkeit erklärte; mit den „Ausbeutern" dürfte keinerlei Verhandlung stattfinden, man habe ihnen einfach die Gurgel zu durchschneiden; die Schritte der „Labor Unions" und der „Socialistischen Arbeiterpartei" seien blos geeignet, die Revolution auf Jahre hinaus zu verschleppen. Trotzdem bereiteten sich die Anarchisten zur Theilnahme an der Bewegung vor, indem sie massenhaft aufreizende Proclamationen verbreiteten, Schützencompagnien gründeten, Waffen und Sprengstoffe in Menge beschafften und sich in deren Verwendung übten, um, falls am 1. Mai auch nicht die Dinge sich ohne sie zu einem Aufstande zuspitzen sollten, gehörig nachzuhelfen.

Unterdessen kam es zwischen einem Theile der betheiligten Arbeitgeber und -Nehmer zu gütlicher Vereinbarung hinsichtlich der Arbeitszeit, so daß am 1. Mai 1886 blos etwa 150,000 Mann die Arbeit niederlegten. Hierbei fanden besonders in Chicago und Milwaukee scharfe Auseinandersetzungen statt zwischen den Strikenden und den schimpfweise sogenannten „Scabs" (Lumpenhunden), d. h. nichtorganisirten Arbeitern, welche deren Stellen auszufüllen und damit die Arbeitseinstellung illusorisch zu machen gedachten. Die Polizei bemühte sich in jeder Weise, die Ruhe wiederherzustellen;

aber die Anarchisten benutzten die allgemeine Erregung durch Werfen von Bomben, so daß es in beiden Städten zu blutigen Kämpfen, ja fast zu einem wahren Massacre kam, das nur durch das rechtzeitige Erscheinen von Milizen verhindert werden konnte. Selbstverständlich wurden zahlreiche Verhaftungen vorgenommen; doch die wenigstens allgemeinhin bekannten Resultate der dann erhobenen Aufruhrprocesse entsprachen ganz und gar den Vorstellungen, die von der amerikanischen Rechtspflege bei uns schon längst gang und gäbe sind. Auch die bei uns erwartete allgemeine Reaction infolge dieser Vorgänge ist drüben nicht eingetreten; das in Amerika unbeschränkte Maß von persönlicher, Rede-, Preß- und Coalitionsfreiheit hat einen Gegendruck, unter welchem selbst die berechtigten Forderungen der Arbeiter hätten leiden müssen, nicht aufkommen lassen. Sodann ist dabei in Anschlag zu bringen, daß die rein politischen Parteien der Gunst der Arbeiter bedürfen, hier dieser, dort jener, und daß ein großer Theil des niederen katholischen Klerus es gerade mit den Socialisten hält und für diese in seiner Art und Weise eintritt. Nur die Anarchisten, die man bis dahin vorwiegend als verrückte Subjecte bespöttelte, wurden fortan sehr ernst genommen, ernster auch denn vormals die Socialisten, seitdem Liebknecht und Aveling bei ihrer letzten Anwesenheit in den Vereinigten Staaten, um dort den vorher bereits im Umlauf gesetzten Klingelbeutel für die deutschen Socialdemokraten zu beschwingen, übereinstimmend sich ganz auf revolutionären Boden gestellt und zu Vertheidigern der durch die Maiprocesse verurtheilten Anarchisten aufgeworfen hatten.

Most wanderte, wie wohl in Jedermanns Erinnerung steht, auf ein Jahr ins Arbeitshaus, um am 28. März d. J. wieder auf freien Fuß gesetzt zu werden, nachdem die ihm gleichzeitig auferlegte Geldbuße von 500 Dollars durch gute Freunde für ihn entrichtet worden. Die vergangenen Monate aber benutzte der bekannte Hasselmann, eine große Zahl der früheren Anhänger Most's um sich und sein neues Organ: „Die amerikanische Arbeiterzeitung" zu vereinigen. Sollte nun Most von der Oberleitung der Anarchisten definitiv verdrängt werden oder nicht, eine Verminderung der von jener Verbrecher=Gesellschaft drohenden Gefahren ist nicht zu erwarten. Denn Hasselmann ist ebenso fanatisch wie Most, besitzt die gleiche rücksichtslose Energie, dabei jedoch eine ungemeine Ruhe, und außerdem vermeidet er es, seine Eigenschaften als Führer eifersüchtigen Genossen gegenüber hervorzukehren.

Hiermit beenden wir die Reihe unserer Ueberfichten.

www.ingramcontent.com/pod-product-compliance
Lightning Source LLC
Chambersburg PA
CBHW030312170426
43202CB00009B/969